L'éditeur remercie vivement Sa Majesté la reine d'Angleterre, The British Library, Harmers, Hulton-Deutsch Collection, B.R. Lewis, H.R. Lewis, Mansell Collection, The Mary Evans Picture Library, R. Mewse, J. Morton, T. Newman et R. Shelley, W. Payne, The Philatelic Trader's Society, Barrie Smith, French Picture Library, R. Topley, de lui avoir permis de reproduire les photographies dans ce livre.

Maquette : V. Gordon / P. Sullivan
Photographie : M. Chillmaid

ISBN 2-03-652 145-2

Imprimerie
Dépôt légal octobre 1990 - N° de série éditeur 15796
Imprimé en Grande-Bretagne - Octobre 1990

LA PASSION DES TIMBRES

pour créer, organiser et enrichir votre collection

Brenda Ralph Lewis
adapté par Jean-Bernard Brisson

Larousse

Republik Österreich
$3.50 +80g
Marquette
EXPLORER
6¢
UNITED STATES

RF
1840 · LE TERROR A ARCHED ROCK. KERGUELEN
2,70 POSTE AERIENNE
D'AP. WILLIAMS. BEQUET
TERRES AUSTRALES ET ANTARCTIQUES FRANCAISES

SOMMAIRE

20
DEUTSCHE BUNDESPOST 80
100 JAHRE DEUTSCHE SKATKONGRESSE
1986
PARAGUAY
Gs.1

INTRODUCTION

Qu'est-ce qu'un timbre ? Un simple petit morceau de papier avec une illustration au recto et de la gomme au verso, et qui sert à affranchir le courrier, peut-on répondre.

Mais les timbres, c'est bien plus que cela. Sinon, pourquoi les collectionner, écrire des livres sur eux ou dépenser des sommes folles pour acheter les plus rares ?

Ce sont souvent des chefs-d'œuvre miniatures, très colorés. Leur dessin illustre sports, fleurs, animaux, moyens de transport d'hier ou d'aujourd'hui. En fait, presque tout. Il y a des millions de timbres, sur des centaines de sujets les plus divers. Aussi aurez-vous l'embarras du choix.

Cet ouvrage veut présenter toutes les sortes de timbres, et les façons de les collectionner. Vous apprendrez où les acheter et comment en prendre soin.

La plupart des modèles reproduits ont été agrandis pour être bien lisibles. L'index vous permettra de retrouver rapidement les chapitres et les timbres. Le glossaire, situé en fin d'ouvrage, définit les mots et les termes les plus utilisés en philatélie. On y voit grossies les différentes parties des timbres. À la suite du glossaire, l'identificateur vous aidera à déterminer chaque origine.

Comme vous le verrez bientôt, la philatélie est un monde excitant, plein de découvertes et d'aventures.

▽ Voici à quoi ressemblaient les timbres d'Afghanistan il y a plus d'un siècle. Ils étaient fabriqués artisanalement et, comme beaucoup d'autres timbres anciens, très imparfaits.

△ L'éclatant papillon de ce timbre de Hongkong de 1984 est tiré d'une série consacrée aux lanternes chinoises traditionnelles. Des millions de Chinois vivent à Hongkong ; aussi n'est-il pas surprenant que les timbres de la colonie illustrent souvent des traditions et des coutumes chinoises.

▷ Les trois premiers timbres d'Inde – émis pour le district du Sind – sont très inhabituels. Fabriqués en Grande-Bretagne en 1852, ils étaient estampés sur des disques de cire, de la cire à cacheter pour le 1/2 anna rouge. Le Sind, aujourd'hui rattaché au Pakistan, était alors une province de l'Inde britannique.

◁ Un de ces deux timbres britanniques, provenant d'une série consacrée en 1975 au cyclisme, comporte une erreur d'impression. La distinguez-vous ?

Réponse : sur le timbre du haut, la tête est à sa place, en haut, à droite. Sur le timbre du bas, la tête est plus basse.

△ Les timbres thématiques illustrent un thème ou un sujet particulier, comme les autos, les oiseaux ou les drapeaux. Aussi pouvez-vous collectionner tout ce qui vous intéresse. Ce timbre italien montrant un joli paysage de Ravello entre dans une thématique « géographie » ou dans une thématique « tourisme ».

▽ La collection de timbres en dit long sur le travail de la poste. Cette bande de timbres américains montre les étapes de la distribution du courrier. Le code postal d'une adresse accélère la distribution des lettres. Tel est le message de ce timbre hollandais de 1978, année où le code postal a été introduit aux Pays-Bas.

AVANT LE TIMBRE

Le service postal, c'est-à-dire le ramassage et la distribution du courrier, est bien antérieur au timbre. La poste existait déjà en Chine il y a 6 000 ans. Elle apparut un peu plus tard en Égypte. Ces anciennes postes servaient surtout aux rois, aux reines, aux nobles et à certains marchands. Leurs lettres ne ressemblaient guère aux nôtres : elles étaient gravées sur des tablettes d'argile et mises dans des « enveloppes »... d'argile.

Plus tard, les lettres transportées par le *cursus publicus*, la poste romaine, étaient gravées ou écrites sur des tablettes de cire, des feuilles de bois ou des peaux tannées. Le papier n'a été adopté qu'il y a 2 000 ans après avoir été inventé en Chine. Son usage se répandit bientôt dans toute l'Europe.

Les lettres et autres dépêches étaient portées par des messagers spéciaux, ancêtres de nos facteurs à pied ou à cheval. Les *tabellarii*, les facteurs romains, utilisaient souvent des chars.

Quand un facteur arrivait en ville, il faisait sonner une clochette ou retentir un cor de poste pour prévenir de l'arrivée du courrier. Le premier cor de poste a été utilisé au XIIe siècle par la guilde des bouchers, en Allemagne. Une guilde était un groupe de travailleurs exerçant le même métier, orfèvres, tisserands ou boulangers, par exemple. Bien des postes ont longtemps été gérées par des corporations afin que leurs membres puissent communiquer entre eux. Pour qu'un boucher allemand puisse être admis à la guilde, il devait posséder un cheval et promettre d'acheminer le courrier de la guilde.

△ Ce timbre italien de 1976 provient d'une série racontant l'histoire de la poste à travers les âges. Celui-ci illustre un char utilisé par le service postal de la Rome antique, le *cursus publicus*.

▽ Autrefois, au Pérou, les *chasquis*, ou messagers, parcouraient les chemins de haute montagne des Andes pour délivrer les messages du *Sapa Inca*, l'empereur. L'Espagne conquit le Pérou dans les années 1540 ; ce timbre espagnol montre un *chasquis* soufflant dans une flûte de pan pour prévenir de son arrivée.

▷ Voici un portrait des facteurs européens d'il y a cinq cents ou six cents ans. Sur ce timbre français de 1962, il s'agit d'un messager royal qui portait des lettres pour le roi et sa cour.

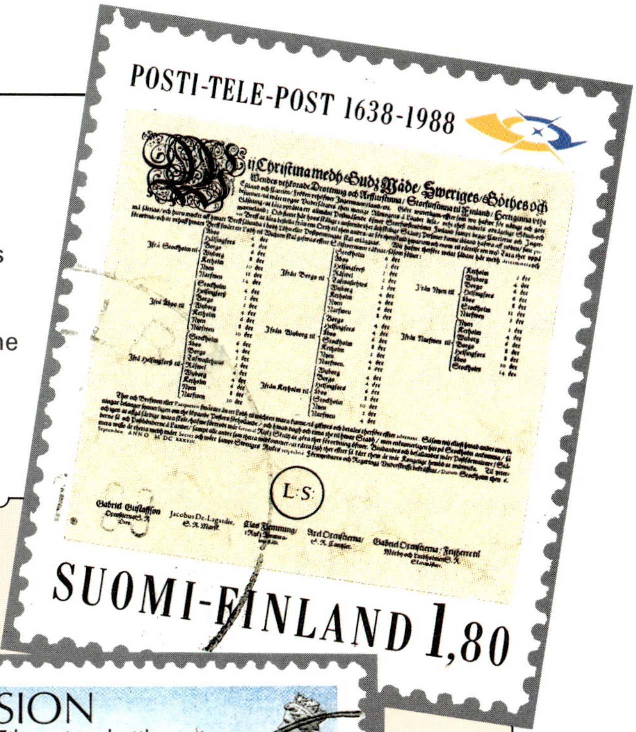

▷ Ce timbre finlandais de 1988, émis pour le 350e anniversaire de la poste nationale, montre un tarif postal. Il donne le prix à payer pour envoyer une lettre dans des villes voisines comme Oslo ou Stockholm. Plus la lettre est lourde et grande la distance, plus le prix est élevé.

▷ Il y a trois siècles, à Ascension, minuscule île de l'Atlantique, le courrier était placé dans des bouteilles que l'on déposait sur un rocher, au large, car il était trop dangereux pour les navires d'accoster l'île. Des canots amenaient au bateau le courrier en partance, et à l'île le courrier à distribuer. Ce timbre d'Ascension de 1980 montre des bouteilles en attente.

◁ Plusieurs pays ont représenté des cors de poste sur leurs timbres pour rappeler l'époque où les facteurs soufflaient dans des cors pour annoncer l'arrivée du courrier. Ce timbre norvégien d'usage courant est l'un de ces timbres. L'Autriche, l'Allemagne et la Suisse ont aussi illustré leurs timbres de cors de poste.

◁ Pour annoncer leur arrivée, certains facteurs faisaient retentir des clochettes au lieu de souffler dans un cor, comme cc facteur anglais en 1839. À votre avis, la lettre qu'il tient porte-t-elle un timbre ?

△ Les malles-poste affrontaient bien des dangers. Les mauvais chemins, pleins de trous, étaient quasi impraticables par mauvais temps, et les diligences s'embourbaient souvent ; les bandits de grand chemin détroussaient fréquemment les passagers. Ce timbre anglais montre une diligence sous un orage.

LES DÉBUTS DU TIMBRE

En 1840, la poste britannique connaissait des problèmes. Elle perdait de l'argent. C'était essentiellement dû à la façon dont elle faisait payer l'acheminement du courrier.

Plus la distance était importante, plus le prix était élevé. Et il augmentait encore en fonction du poids ou du nombre de feuillets. Plus ennuyeux : le port était payé par celui qui recevait la lettre et non par celui qui l'envoyait. Si le destinataire ne voulait pas payer, il lui suffisait de refuser la lettre. Certains messages, brefs, étaient écrits directement sur l'enveloppe. Aussi, lorsque le facteur remettait celle-ci au destinataire, la personne lisait ce message d'un coup d'œil... et rendait la lettre au facteur... La poste avait travaillé pour rien !

Pour résoudre ce problème, Rowland Hill suggéra de faire payer un penny par lettre, quelle que soit la distance. « Les lettres, disait-il, doivent être payées d'avance. » Ce qui signifiait que l'affranchissement devait être payé par l'expéditeur et non par le destinataire.

Le gouvernement britannique organisa un concours pour le dessin du nouveau timbre. Mais les projets reçus étaient trop compliqués. Rowland Hill, toujours lui, trouva une solution : reproduire le portrait de la reine Victoria. Le premier timbre du monde, le célèbre penny black, fut émis le 6 mai 1840. Cette idée devait faire recette. Tous les pays allaient copier cette invention.

▽ Charles Whiting présenta ce projet (**1**) au concours pour le premier timbre anglais, en 1839. Il échoua. Comme d'autres concurrents, Whiting avait repris le type de dessin compliqué utilisé pour les billets de banque afin d'empêcher les falsifications.

1

2

△ Le dessin retenu par Rowland Hill pour le Penny Black (**2**) était un moyen bien plus simple que le projet de Whiting pour décourager les imitations. Hill pensait que toute différence de détail entre un faux et l'original se verrait facilement.

▷ Voici un des deux premiers timbres américains émis en 1847. Il représente George Washington, le premier président des États-Unis. Washington et Benjamin Franklin, le premier directeur général des Postes, apparaissent dans toutes les séries d'usage courant jusqu'en 1975.

▷ Cette lettre porte l'un des premiers timbres français, le 15 centimes vert, émis en 1850. Il représente Cérès, la déesse romaine de la Terre. Par la suite, Cérès est apparue sur plusieurs séries d'usage courant en France.

▷ La Bavière est le premier État de l'actuelle Allemagne à avoir émis un timbre, en novembre 1849 (**1**). Bien qu'elle ait émis ses propres timbres jusqu'en 1920, la Bavière a rejoint d'autres États, en 1871, pour former l'Allemagne. Le nouveau pays a sorti ses premiers timbres un an plus tard, en 1872 (**2**).

1

2

△
L'Australie n'a émis des timbres que tardivement, car les États de l'Australie moderne ne se sont réunis qu'en 1911. Les premiers timbres australiens sont apparus en 1913 sous forme d'une série de 15 valeurs. Ici, la plus forte valeur, le 2 £ noir et rouge : l'Australie a émis des timbres « kangourou » jusqu'en 1946.

◁ Le premier timbre hollandais, émis en 1852, était ce 5 cents bleu, ici en bloc de quatre. Il porte l'effigie du roi Guillaume III. Les blocs de quatre sont populaires depuis que le roi George V d'Angleterre collectionna les timbres de cette façon.

▷ Naples, dans l'Italie du Sud, constituait encore un royaume indépendant lorsque fut émis son premier timbre, en 1858 (**1**). Deux ans plus tard, Naples et les autres États italiens s'unissaient pour former un seul pays. En 1862, le royaume d'Italie émit ses premiers timbres. Ce « timbre sur timbre » de 1962 montre l'un d'eux (**2**).

1

2

▽ Le premier timbre finlandais, en 1856, portait une valeur en kopecks russes. La Finlande a en effet appartenu à l'Empire russe jusqu'en 1917.

▷ Un « timbre sur timbre », comme celui-ci, c'est deux timbres en un : il montre un des premiers timbres espagnols, le 6 cuartos noir, émis en 1850.

LES PREMIERS COLLECTIONNEURS

△ Jean-Baptiste Moens (1833-1908) est un homme important dans l'histoire de la philatélie : il fut le premier marchand de timbres. On le voit ici sur un timbre belge de 1973 commémorant le 50e anniversaire de l'Association belge des négociants en timbres. Il entama sa carrière en 1852. Par la suite, Moens publia des catalogues et des livres sur les timbres et devint un grand expert en philatélie.

Un jour de 1841, un quotidien britannique, *The Times*, publia la lettre d'une jeune fille qui demandait aux lecteurs de lui envoyer des timbres, car elle les collectionnait : la première philatéliste venait d'entrer dans l'histoire du timbre. Un an à peine après la naissance de celui-ci ! En 1841, il n'y avait que trois timbres à collectionner : le Penny Black, le 2 pence bleu et le Penny Red (1 penny rouge) de Grande-Bretagne. Aussi les collections contenaient-elles une grande quantité de ces quelques timbres.

Mais, au début, les timbres n'étaient pas mis dans des albums – le premier album n'a été édité qu'en 1862. Les timbres étaient souvent collés sur les tables, les chaises, les murs, ou tout autre objet dans la maison. Un collectionneur fit une carte de l'Angleterre et du pays de Galles avec 2 139 timbres. Un autre couvrit un grand panneau de timbres français et indiens. Un marchand londonien tapissa les murs de sa boutique avec 70 000 timbres. L'une des plus étonnantes collections appartenait à un artiste de cirque nommé Albert Schafer, qui décora sa chambre et tout ce qu'elle contenait avec un nombre incalculable de timbres.

Mais plutôt que de les coller sur des murs, les collectionneurs prirent bientôt davantage soin de leurs timbres.

Plus il y avait de pays à émettre des timbres, plus les gens se lançaient dans des collections. On découvrit vite que certains timbres étaient rares. Des collectionneurs réalisèrent qu'ils pouvaient vivre de l'achat et de la vente des timbres. Le premier guide des prix, un catalogue de timbres, vit le jour en 1863. La philatélie telle que nous la connaissons aujourd'hui était en marche.

1

▷ Albert Schafer plaça son portrait en timbres dans son bureau (**1**). Il décora sa pièce pendant sa convalescence consécutive à une chute au cours d'un numéro de cirque. Schafer décora des assiettes à la chinoise avec des timbres (**2**). Mais aussi bien d'autres choses, comme un service à thé, une guitare, un piano, cette cheminée et ce bateau (**3**). La cheminée, à elle seule, nécessita 3 000 timbres.

▷ Une page d'un album de 1892. Le Mecklembourg-Schwerin et l'Oldenbourg font maintenant partie de l'Allemagne, mais l'album peut, bien sûr, encore servir pour les timbres de ces deux duchés. Cet album donnait nombre d'informations précieuses sur les pays. Il fonctionnait un peu comme, aujourd'hui, un catalogue reproduisant certains timbres et indiquant le nombre de timbres compris dans chaque série. Il signalait aussi les timbres qui étaient rares et ceux qui étaient communs.

3

2

▽ Ce superbe album de timbres du XIXe siècle, en cuir, est une œuvre d'art. La couverture est incrustée d'or. Des albums comme celui-ci sont eux-mêmes des pièces de collection, surtout lorsqu'ils sont en parfait état. La plupart des collectionneurs utilisent des albums plus simples, comme celui-ci, au-dessus.

COLLECTIONNER UN PAYS OU LE MONDE ENTIER ?

Beaucoup de gens collectionnent les timbres de leur propre pays. C'est le plus simple, pour commencer.

Mais certains collectionneurs s'intéressent plutôt aux timbres étrangers. Soit parce qu'ils ont vécu hors de leur pays, soit parce qu'ils ont des amis vivant au loin qui leur envoient des timbres. On peut préférer le style ou les sujets des timbres d'ailleurs ou s'intéresser à une catégorie particulière ; aux timbres pour colis postaux de Belgique ou à ceux de la poste aérienne des États-Unis, par exemple. On peut aussi vouloir collectionner le monde entier. C'est beaucoup plus ardu qu'autrefois, car, depuis les années 50, de plus en plus de pays émettent de plus en plus de timbres. Un exemple : les États-Unis ont émis 11 timbres en 1949, et 89 en 1987 ! Malgré cela, collectionner le monde entier reste un défi très amusant et varié. À vous de choisir ce qui vous convient.

Pour débuter, regardez un catalogue, de préférence en couleurs. Vous verrez à quoi ressemblent les timbres du pays. Les revues et les livres vous instruiront également beaucoup. Les clubs, les expositions et les autres collectionneurs vous donneront des idées. En outre, si vous n'abusez pas de leur temps, les marchands de timbres seront souvent ravis de vous aider et de vous faire partager leurs connaissances.

▷ Les gens collectionnent souvent les commémoratifs, parce qu'ils les trouvent plus attrayants et plus intéressants que les timbres d'usage courant. Cette page d'une collection de commémoratifs britanniques (**3**) comprend deux séries de 1983, une sur les fêtes foraines, une sur Noël, et la première série de 1984, montrant des blasons.

▷ Les émissions de poste aérienne traitent souvent d'aviation, comme ces timbres américains de 1979 et 1980 (**1**). Ils peuvent aussi montrer d'autres sujets, comme la statue de la Liberté ou le monument du mont Rushmore.

▷ Certains collectionneurs recherchent tous les timbres émis par un pays. Cette page de timbres français (**2**) comporte des timbres d'usage courant, les six Marianne, et trois timbres issus de la série artistique commencée depuis 1961.

◁ Les timbres allemands sont fascinants car ils témoignent des bouleversements subis par le pays. Ici, un timbre de 1865 du duché de Brunswick (**1**), l'un des États qui ont constitué l'Allemagne en 1871 ; en (**2**), un timbre de l'Empire allemand (1871-1918) ; en (**3**), un de la République (1920-1933) ; en (**4**), un de la période nazie (1932-1945) ; en (**5**) un autre émis en 1945 par la France, l'une des quatre nations ayant occupé l'Allemagne après 1945. Dès la fin des années 40, l'Allemagne de l'Ouest (**6**), Berlin-Ouest (**7**) et l'Allemagne de l'Est (**8**) ont émis leurs propres timbres.

3

2

1

TOUT EST COLLECTION

▽ Les quatre timbres montrant des personnages de Walt Disney proviennent de différents pays. Il en existe des centaines, souvent émis par de petites nations. Le timbre néerlandais (**1**) montre une image tirée de la bande dessinée « le roi et le coffre au trésor ».

1

4

3

◁ L'espace vous intéresse ? Il existe des centaines de timbres pour le sujet. En voici trois : le hongrois (**2**) illustre *De la Terre à la Lune,* de Jules Verne ; le cubain (**3**) montre Youri Gagarine, le premier homme de l'espace ; l'allemand de l'ouest représente la navette spatiale.

2

▽ Le scoutisme est un mouvement international et de nombreux pays lui ont consacré des timbres. Ces deux-ci viennent d'îles des Caraïbes, Antigua (**8**) et la Dominique (**9**). Ils montrent des scouts en randonnée et prodiguant les premiers soins. Un scout dominicain fait le salut scout.

9

5

Vous ne serez jamais à cours de timbres
vous aimez la nature. Ce timbre canadien
montre, comme beaucoup d'autres, de
es fleurs. Des dinosaures aux États-Unis
et un kiwi, l'oiseau national de la
uvelle-Zélande, sur ce timbre rond (**7**).

Les timbres ont de multiples facettes. Ils illustrent presque tous les sujets susceptibles de vous intéresser. Bateaux, avions, trains, oiseaux, papillons ou chanteurs vedettes, des centaines de timbres illustrent ces sujets et bien d'autres encore.

Ce type de collection – par sujet ou par thème – se nomme collection thématique. Le premier timbre thématique serait celui du Nouveau-Brunswick (Canada) représentant, en 1860, un train. Mais les émissions thématiques sont, pour la plupart, plus récentes. Dans les années 1920 et 1930, on a commencé à imprimer des timbres par des procédés de photogravure : l'illustration est photographiée au lieu d'être gravée à la main. Il devient alors possible d'imprimer des images colorées beaucoup plus réalistes.

La photogravure a permis aux pays de mieux se présenter sur les timbres qu'auparavant. Un timbre peut maintenant mettre en valeur une nation, sa faune, ses paysages, ses costumes, son art et ses héros nationaux. Les collectionneurs peuvent voir un pays sans même le visiter ! La corrida, par exemple, est populaire en Espagne ; aussi les taureaux et les toréadors apparaissent-ils sur bien des timbres espagnols. L'avion est vital en Amérique du Sud où il est souvent le seul moyen de transport, surtout au Chili, montagneux, et au Brésil, couvert par une forêt immense ; aussi, sur beaucoup de timbres sud-américains, voit-on des avions, des pilotes ou des aérodromes.

7

1

2

3

4

5

△ Les deux timbres français entrent dans deux thématiques : le transport du courrier par bateau (**1**) et à bicyclette (**2**). Le timbre allemand (**3**) commémore le 150e anniversaire des chemins de fer nationaux. *Concorde,* sur ce timbre anglais de 1969 (**4**), est un avion qui vole plus vite que le son. Le timbre de Monaco est tiré d'une série représentant des voitures anciennes (**5**) construites entre 1894 et 1910.

◁ Ce timbre de Papouasie-Nouvelle-Guinée, dans l'océan Pacifique, montre un canoë de course. À la façon dont il coupe l'eau, on peut presque ressentir sa vitesse. La figure de proue est là pour effrayer les esprits, les dieux de la mer, et faire qu'ils ne s'attaquent pas au canoë.

△ En 1971, le Mali a émis un timbre représentant le paquebot *Normandie* dans une série consacrée aux bateaux. Transatlantique particulièrement célèbre, le *Normandie* remporta le Ruban bleu, trophée attribué pour le record de la traversée de l'Atlantique, lors de son voyage inaugural, en 1935.

▽ Ce sous-marin apparaît dans une série d'Union soviétique consacrée à la marine de guerre. Les autres timbres de la série montraient un mouilleur de mines, un dragueur de mines, un croiseur et un cuirassé.

▽ Ce torpilleur hydrofoil vogue très vite en s'élevant sur ses « pieds » et en effleurant la surface de l'eau. Le timbre appartient à une série consacrée, de 1977 à 1980, aux constructions navales italiennes.

TIMBRE À THÈME

Faire une collection thématique ne consiste pas obligatoirement à trouver le maximum de timbres sur un sujet. Vous pouvez constituer une collection dans votre collection en vous concentrant sur un sujet plus réduit.

Vous pouvez commencer par le thème des transports en général (voir ci-contre). Mais il existe des milliers de timbres sur toutes sortes de transports ; vous aurez donc intérêt à cerner votre collection, par exemple en choisissant les transports par bateaux. Et à l'intérieur de cette catégorie, vous pourrez même vous spécialiser dans les voiliers de plaisance.

Il en va de même pour d'autres thèmes : « les animaux » peut devenir « les oiseaux » ou « les animaux nationaux » en sélectionnant, pour l'Australie et la Nouvelle-Zélande, pourquoi pas le kangourou, le koala et l'étrange ornithorynque. Autre possibilité : diviser le règne animal à la manière des scientifiques et collectionner les mammifères, ou les oiseaux, ou les poissons, ou les amphibiens (grenouilles et tritons), les reptiles ou les invertébrés (animaux sans squelette, comme les insectes). La thématique animale la plus populaire est probablement « les animaux préhistoriques ».

Vous pouvez aussi décider de collectionner les fleurs et vous spécialiser dans les roses ou les orchidées ; ou commencer par le thème de la musique en général et vous limiter ensuite à l'opéra ou à l'œuvre de votre compositeur favori. Les possibilités sont presque infinies.

△ Voici la plus forte valeur d'une série britannique célébrant la voile. Elle montre des multicoques, bateaux ayant plus d'une coque.

△ En 1984, les États-Unis ont célébré le 25ᵉ anniversaire de leur 50ᵉ État, l'île d'Hawaii, dans le Pacifique. Le canoë est destiné à de longs parcours sur l'océan.

△ La Tall Ships Race est une course pour des vieux voiliers comme celui que représente ce timbre finlandais émis pour l'épreuve de 1972. Ce bateau avait beaucoup de voilure. Il prenait donc beaucoup de vent et avançait vite. C'était un clipper (de l'anglais *clip*, « couper »), ainsi nommé parce qu'il coupait les flots et parce qu'il établissait des records de traversée.

▽ La Norvège est très montagneuse. La plupart de ses grandes villes se trouvent sur les côtes. Quand il n'y avait pas encore de bonnes routes, il était plus facile de voyager par bateau. Ce timbre norvégien montre un vieux bateau côtier. Il ne s'éloignait pas de la côte, ce qu'indique la présence d'oiseaux, signe d'une terre proche.

◁ Ce timbre de 1975 représente un voilier japonais traditionnel. Les bateaux de ce type servaient surtout à la pêche. Ils étaient construits de façon à ne pas pouvoir s'éloigner des côtes japonaises.

LES TIMBRES RACONTENT

Les timbres racontent à peu près toutes les histoires. Celle des voyages dans l'espace, de Jules Verne aux satellites modernes, ou celle de la Terre grâce à des timbres montrant minéraux, volcans, océans...

Quand vous aurez choisi un sujet, il vous faudra réunir sur lui le plus d'informations possible, dans une bibliothèque municipale par exemple. Avant de compulser des catalogues, établissez la liste de ce que vous désirez montrer. Certains catalogues donnent la liste des sujets illustrés par les timbres ; cela facilite les recherches. Si, par exemple, vous avez choisi la découverte de l'Amérique par les Européens, vous devrez connaître le nom des explorateurs, quand et où ils ont vécu. Un bon nombre étaient espagnols, aussi l'Espagne a-t-elle émis beaucoup de timbres sur le sujet. Bien d'autres pays sont également concernés. Ainsi, en 1534, un Français, Jacques Cartier, remonta le fleuve Saint-Laurent dans l'actuel Québec ; et, en 1984, un timbre français a célébré le 450e anniversaire de ce voyage. Les timbres ne sont pas émis seulement pour des anniversaires ; cependant, la date des événements, celles de la naissance ou de la mort des personnalités peuvent vous aider à retrouver des timbres. Naturellement, les pays nord et sud-américains ont eux-mêmes émis beaucoup de timbres sur l'exploration de leur continent.

Si vous n'avez pas de sujet préféré, les émissions groupées (pages 72 et 73) vous donneront des idées et un large éventail de timbres.

△ Ces deux timbres américains montrent un messager du *Pony Express* portant du courrier. Les cavaliers étaient le seul moyen rapide d'expédier des lettres là où il n'y avait pas de chemin de fer. Quand le cheval était fatigué, le cavalier se procurait un cheval frais à un relais.

▽ Cette lettre a été postée en 1861 à San Francisco, sur la côte ouest des États-Unis, pour Washington, à 4 000 kilomètres de là sur la côte est. Le *Pony Express* a assuré une partie du transport. En plus du timbre ordinaire de 10 cents, on peut voir le 1 dollar rouge spécial de la Wells Fargo, la compagnie qui organisait le service. Un dollar représentait beaucoup d'argent à l'époque et, quand le chemin de fer relia la côte ouest à la côte est, le courrier put être acheminé plus rapidement et à plus bas prix. Les services de messagers disparurent face à cette concurrence.

▽ Ce timbre montre la cérémonie qui marqua l'achèvement du premier chemin de fer entre les côtes est et ouest des États-Unis. C'était le 10 mai 1869, à Promontory, à 700 km de San Francisco. Un rivet spécial, en or, servit à fixer le dernier rail.

△ Si vous allez en vacances à l'étranger, pourquoi ne pas constituer un souvenir philatélique ? Vous pouvez dessiner une carte du pays sur une page et disposer les timbres autour, en utilisant des flèches pour indiquer les régions qu'ils illustrent. Variez les sujets : costumes, sports, animaux... Ne surchargez pas la page !

△ Ce bloc de Penny rouges neufs de 1881 est surchargé « Chypre », parce que les timbres n'étaient pas destinés à servir en Grande-Bretagne mais à Chypre, alors colonie britannique. L'agrandissement montre le numéro de planche. Pour fabriquer ces timbres, il fallait en effet plusieurs planches d'impression. Dans le cas présent, elles étaient numérotées de 71 à 225. Certains numéros valent une fortune, d'autres quelques francs. Alors, à vos loupes !

▽ Une autre façon de collectionner les timbres : sur lettres (enveloppes ou cartes). Celle-ci, postée des États-Unis, a été acheminée par bateau jusqu'à Liverpool, en Angleterre. Elle ne devait pas porter assez de timbres américains, car on y a ajouté des Penny rouges avant de la distribuer à Fifeshire, en Écosse.

NEUFS OU OBLITÉRÉS ?

◁ Au XIXe siècle, les oblitérations étaient généralement grandes et lourdes. Aussi, ce timbre très légèrement oblitéré est-il exceptionnel. Le cachet n'était probablement pas assez encré.

Quel type de timbres collectionner : les timbres neufs ou les timbres oblitérés ? Les timbres neufs (ceux qui n'ont pas servi) sont souvent plus chers. Les timbres oblitérés ne sont pas en aussi bon état, mais ils peuvent porter une oblitération intéressante. Choisissez en fonction de vos goûts.

Un timbre neuf est propre, agréable à regarder, et l'image nette. Ses couleurs sont souvent vives, car, à la différence des timbres oblitérés, il n'a pas été sali et n'a pas été détrempé pour être décollé d'une enveloppe.

Quand on place un timbre neuf dans un album au moyen d'une charnière, celle-ci peut laisser une trace importante. Parfois, la gomme jaunit avec le temps et devient apparente sur le recto. Protégez toujours la gomme d'un timbre neuf : plus elle est endommagée, plus celui-ci perd de sa valeur.

Souvent, les collectionneurs aiment les timbres oblitérés, car une oblitération prouve que le timbre a rempli sa fonction : payer l'envoi d'une lettre. Mais tous les timbres oblitérés ne sont pas tentants. Cela dépend de leur oblitération qui peut être très légère, mais qui peut aussi être si épaisse qu'on ne distingue plus bien le timbre.

Comme vous le voyez, les timbres, neufs ou oblitérés, peuvent être bons ou mauvais. Aussi, avant d'en acheter, examinez-les attentivement pour être sûr qu'ils sont bons pour votre collection. Ce chapitre est illustré avec le seul Penny Red britannique en deux exemplaires : l'un grossièrement oblitéré, et l'autre neuf. Vous pourrez ainsi comparer.

◁ Ce Penny rouge légèrement oblitéré est également peu commun, car même si l'oblitération est forte, le portrait de la reine Victoria reste clairement visible.

◁ L'oblitération de ce timbre est lourde ; elle couvre en grande partie l'effigie. Mais elle est « normale », car la plupart des Penny rouges sont ainsi oblitérés.

◁ Voici un bel oblitéré. Les amateurs de timbres n'apprécient guère que le portrait soit presque entièrement caché. En revanche, l'oblitération bien marquée intéressera les amateurs de belles oblitérations.

◁ Difficile de trouver une oblitération plus lourde. Le visage a presque disparu. Le timbre est de second choix, mais, là encore, l'oblitération plaira aux collectionneurs d'oblitérations.

◁ Ce Penny Red (Penny rouge) non dentelé (sans perforation), oblitéré de la croix de Malte, a été en service en Grande-Bretagne de 1840 à 1844. Les timbres étaient oblitérés — ou annulés — pour qu'ils ne puissent pas être réutilisés. La croix de Malte fut la première tentative pour empêcher la fraude, mais elle n'indiquait ni le lieu ni la date à laquelle la lettre avait été postée.

LES TIMBRES PARLENT

Les timbres affranchissant le courrier parcourent le monde et sont vus par des milliers de personnes. C'est donc un moyen bon marché de faire la promotion d'un pays. L'Italie, par exemple, fabrique des automobiles : pour encourager les gens à en acheter davantage, les voitures italiennes figurent fréquemment sur les timbres.

L'Espagne cultive beaucoup de fruits et de légumes : un grand nombre de timbres espagnols vantent la production agricole. Les timbres montrent les œuvres des artistes, ou les découvertes des scientifiques et des explorateurs d'un pays.

La France, le Mexique et l'Italie sont parmi les pays qui émettent des timbres touristiques destinés à attirer les visiteurs étrangers. Quand un pays organise une grande exposition, une importante conférence ou un événement sportif majeur, il émet généralement des timbres commémoratifs, par exemple de la Coupe du monde de football qui s'est déroulée en Italie en 1990.

Tous les pays se composent de régions dans lesquelles les coutumes varient. En Espagne, par exemple, les habitants parlent des langues différentes selon les régions. Ainsi, l'Espagne a émis beaucoup de timbres sur les costumes régionaux ; ils constituent une agréable collection révélant les différences entre régions.

Les timbres peuvent tant vous en dire sur les pays qu'avec eux vous voyagerez sans quitter votre album.

△ Sainte-Lucie est une île volcanique des Caraïbes. Les deux petites montagnes qui figurent sur ce timbre de 1970 sont appelées les « Pitons ». Elles plongent à pic dans la mer. Les Pitons sont caractéristiques de l'île ; on les retrouve sur d'autres timbres de Sainte-Lucie.

▽ Les Pays-Bas ont probablement plus de moulins à vent qu'aucun autre pays. La majorité du territoire étant située sous le niveau de la mer, les risques d'inondation sont réels. Le vent qui souffle facilement sur ce plat pays actionne les moulins, qui, à leur tour, font tourner des pompes à eau anti-inondations. Ce timbre montre un moulin typique des Pays-Bas.

▷ Chaque année, en février, le carnaval des Cariocas, à Rio de Janeiro (Brésil), remplit les rues d'immenses chars décorés, d'orchestres et de danseurs portant des costumes extraordinaires. Le clown de ce timbre brésilien de 1970 montre combien les costumes sont colorés.

▷ La France est célèbre pour sa cuisine. Ce timbre a été émis en 1980 en l'honneur de la gastronomie, l'art culinaire (**1**). Il montre des plats dignes d'un bon restaurant, un homard, un gigot aux clous de girofle, des fromages et des gâteaux, ainsi qu'une carafe de vin.

En 1986, ce timbre a célébré le carnaval de Venise à Paris, une des fêtes étrangères régulièrement organisées dans la capitale (**2**). Venise est une ville du nord de l'Italie, mais il s'agit bien, ici, de Paris. La preuve ? On y voit la tour Eiffel.

1

2

▷ Canio, le clown représenté sur ce timbre italien, est un personnage célèbre de l'opéra italien. Il est le héros triste de *I Pagliacci* (*les Joueurs*) de Leoncavallo. Le timbre commémore le centenaire de la naissance du compositeur. Beaucoup d'Italiens, riches ou pauvres, adorent l'opéra et vont écouter leurs chanteurs favoris, qui sont presque aussi populaires que les vedettes de variétés.

▽ Qu'y a-t-il de commun entre la statue de la Liberté et le jazz ? Tous deux sont typiques des États-Unis. Le jazz est né aux États-Unis dans les années 1900. Certains musiciens de jazz, comme Duke Ellington sur ce timbre de 1986, sont célèbres dans le monde entier. La statue de la Liberté, ici sur un timbre de 1972, est un présent de la France en 1886.

▷ Le nord de la Scandinavie se situe au-delà du cercle polaire. Malgré le froid et la neige, beaucoup de gens y vivent. Cette bande de timbres suédois, consacrée en 1970 à « la Suède du cercle polaire », montre la vie sauvage arctique, un troupeau de rennes et la plus simple façon de se déplacer dans les régions gelées : le ski.

ÉTRANGES HISTOIRES DE TIMBRES

▷ Le meurtre de Gaston Leroux est heureusement le seul à avoir été commis pour des timbres (vous pouvez voir un de ses timbres page 57). Après avoir été reconnu coupable, Giroux fut exécuté.

▽ Bien des lettres retrouvées dans une rue de Ann Arbor portaient des timbres rarissimes. Malheureusement, des personnes mal informées jettent parfois des trésors sans réaliser leur erreur.

△ En 1900, le Nicaragua émit des timbres montrant un volcan en éruption, le mont Momotombo. Bien que, dans la réalité, le volcan fût endormi depuis longtemps, l'image bouleversa les plans des ingénieurs qui avaient prévu de percer dans la région un canal reliant l'Atlantique au Pacifique. Finalement, le canal fut percé plus au sud, au Panamá. Le timbre ne fut pas la seule cause de ce changement, mais il y participa ! L'illustration provient d'une série de cartes qui étaient données avec des paquets de cigarettes. Elle montre un des timbres en question et un navire dans le canal de Panamá.

Il y a beaucoup d'histoires étranges sur les timbres, dont la plupart concernent des découvertes peu banales.

En 1874, des timbres très rares — des 3 pfennig rouges de Saxe — furent découverts collés sur une poutre dans une ferme d'Eibenstock, en Allemagne. Le père du fermier avait été receveur des postes et avait collé là les timbres en souvenir !

En 1939, à Ann Arbor (États-Unis), on découvrit des lettres de grande valeur volant au vent dans une rue. Des ouvriers qui vidaient une maison avaient entassé de vieux papiers sur le trottoir. Le vent les avait dispersés. Heureusement, un collectionneur avisé, ayant repéré les lettres, se précipita vers la benne et sauva ce qui pouvait l'être. La raison de son excitation ? Certaines lettres portaient des timbres provisoires de New York, émis avant les premiers timbres officiels américains de 1847.

Toutes les étranges histoires de timbres n'ont pas une fin heureuse. On a été jusqu'à tuer pour un timbre.

Le meurtre eut lieu à Paris en 1892. Un riche collectionneur, Gaston Leroux, possédait l'unique exemplaire neuf connu du 2 cents « Missionnaire d'Hawaï » émis en 1851. Un jour, Leroux fut retrouvé mort dans son appartement. La police n'en découvrit pas tout de suite la cause. Puis elle constata la disparition du timbre d'Hawaï. Bien vite, ses soupçons se portèrent sur un ami de Leroux, lui-même collectionneur, Hector Giroux. Mais elle n'avait aucune preuve.

Alors, un inspecteur se fit passer pour un philatéliste et gagna l'amitié de Giroux. Ensuite, il le piégea en le poussant à se vanter de posséder le timbre : comme le seul exemplaire connu appartenait à Leroux, il ne pouvait s'agir que de celui-ci. Giroux fut arrêté et avoua son crime : il avait tenté de convaincre Leroux de lui vendre le timbre. Face à son refus, il l'avait assassiné.

◁ Un marchand de Leipzig découvre des timbres rares dans une ferme. Il les décolle avec soin et les vend à Philippe von Ferrary.

COLLECTION ROYALE

Le roi George VI de Grande-Bretagne (**1**) était un collectionneur passionné. La collection de Grande-Bretagne et du Commonwealth, conservée dans 325 albums et de nombreuses bibliothèques au palais de Buckingham, est l'une des plus grandes du monde. George V, le père de George VI, l'avait commencée après que ses oncles lui eurent donné quelques timbres. L'un des plus rares est le seul exemplaire oblitéré connu du 2 pence Édouard VII lilas-rouge (ici avec des exemplaires neufs) (**2**). Le roi Édouard mourut le jour de l'émission, le 6 mai 1910. La veille, un fonctionnaire avait envoyé au prince George une lettre affranchie du timbre, sachant qu'il apprécierait de posséder le premier exemplaire oblitéré. Peu après avoir reçu la lettre, le prince était le nouveau roi, George V, car le roi Édouard, son père, mourut juste avant midi, et le timbre ne fut pas émis.

2

◁ Des collectionneurs royaux : le roi George VI (**1**) et son père, le roi George V (**2**) ; le roi Hussein de Jordanie (**3**) ; le roi Carol de Roumanie (**4**) ; le prince Rainier de Monaco (**5**) ; le roi espagnol Alphonse XIII (**6**) apparaît sur la droite du timbre lors de la première exposition philatélique nationale espagnole, en 1930. Le roi Farouk (**7**) est représenté près de son père, le roi Fouad (**8**). Non pas un roi, mais probablement plus riche que certains rois, le célèbre collectionneur Philippe von Ferrary (**9**) (bien habillé !) sur un timbre du Liechtenstein.

COLLECTIONNEURS CÉLÈBRES

△ Philippe von Ferrary arrive à une vente aux enchères.

Dans les années 1900, un homme à l'air misérable, vêtu d'un manteau déchiré et coiffé d'un béret douteux, assistait à de nombreuses ventes aux enchères. On aurait pu le prendre pour un clochard mais les collectionneurs savaient qu'ils n'avaient aucune chance contre lui pour ce qui était des timbres rares. Le « clochard » était en réalité un des hommes les plus riches du monde, Philippe von Ferrary. Ferrary dépensait la plus grande partie de son immense fortune dans les timbres et fréquentait toutes les salles de ventes d'Europe. Il était peut-être mal habillé, mais il possédait une fabuleuse collection dans laquelle figurait le timbre le plus cher du monde, le 1 Cent magenta de Guyane britannique de 1856.

Bien des hommes fortunés ont été des collectionneurs acharnés et, comme Ferrary, ont eu des comportements étranges pour satisfaire leur passion. En 1922, le millionnaire Alfred Hind acheta le timbre de Guyane britannique de Ferrary aux enchères. C'était le seul exemplaire connu. Plus tard, Hind en découvrit un second à Paris. Il le paya une somme considérable et... le brûla pour que le sien reste unique.

Un autre Américain, le colonel Green, dépensa également des fortunes pour les timbres. Un jour, il crut avoir été escroqué. Alors, pour examiner plus à fond le timbre suspect, il commanda une immense loupe, grossissant 200 fois. Elle avait un mètre d'épaisseur et était si énorme qu'il fallut enlever la porte d'entrée pour la livrer au collectionneur.

▽ Le président américain Roosevelt est représenté avec sa collection sur ce timbre de Monaco émis pour l'exposition philatélique marquant le centenaire des timbres américains. Comme le roi George VI, Roosevelt trouva quelque détente grâce à ses timbres durant les dangereuses années de guerre. Plusieurs autres pays ont émis des timbres représentant Roosevelt en tant que collectionneur. Il était si enthousiaste qu'il dessina lui-même les timbres américains pour distribution aérienne spéciale de 1934.

ALPHABETS ET MYSTÈRES

L'alphabet latin, ou romain, dans lequel est rédigé ce livre, est le plus répandu dans le monde. La plupart des timbres l'utilisent et sont donc faciles à déchiffrer. Malgré cela, vous trouverez beaucoup de timbres ne portant pas de caractères latins et dont la provenance vous sera mystérieuse.

Les timbres russes, bulgares et certains timbres yougoslaves utilisent l'alphabet cyrillique. Les timbres russes portent les lettres « CCCP » qui, en latin, se lisent « SSRR » et correspondent à U.R.S.S., Union des républiques socialistes soviétiques. Les timbres grecs utilisent l'alphabet grec, mais les émissions récentes ont ajouté « Hellas », le nom grec de la Grèce. D'autres pays, comme le Japon, la Chine, la Corée, l'Algérie, le Maroc, n'utilisent pas l'alphabet latin. Par chance, il n'est pas nécessaire de connaître ces alphabets ou ces langues pour identifier l'origine des timbres car ils sont tous représentés dans des catalogues. Recopiez le nom des pays dans leur alphabet et, en dessous, en français. Ainsi, à chaque fois que vous rencontrerez un timbre écrit dans un alphabet étrange, il vous suffira de consulter votre liste.

Parce que des pays comme l'Autriche, la Suisse, l'Espagne, la Hongrie et bien d'autres écrivent leur nom dans leur propre langue ou sous forme d'initiales, il est bon de les copier sur une liste également.

△ Il a fallu un siècle pour que le mot « HELLAS » apparaisse en caractères latins sur les timbres grecs. Auparavant, il était inscrit en caractères grecs comme en haut de ce timbre de 1939.

▽ Pour identifier les timbres de la Chine populaire, il faut observer les idéogrammes (caractères) : le premier est un rectangle traversé d'une barre verticale. Retrouvez-le sur le grand timbre montrant une ancienne procession chinoise.

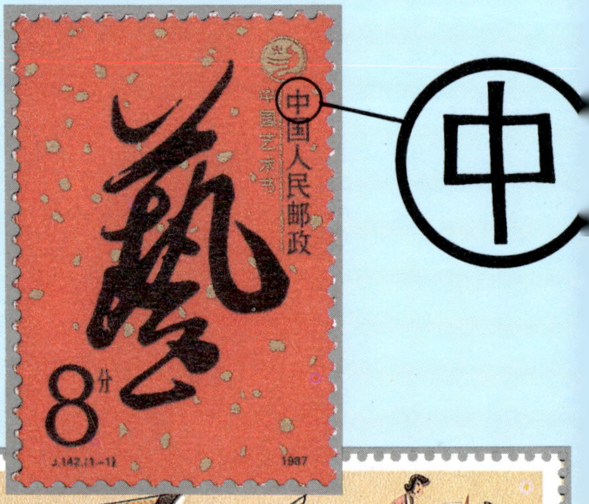

▷ Certains pays se présentent sous forme d'initiales comme, ici, l'Allemagne de l'Est (DDR signifie Deutsche demokratische Republik). Autre exemple : KSA pour l'Arabie Saoudite.

△ Après la Révolution russe de 1917, l'Ukraine proclama son indépendance et émit ses propres timbres, rédigés en alphabet cyrillique. Symbole de l'Ukraine, le Trident — à gauche du portrait — permet de reconnaître les timbres. Les émissions ont cessé en 1923 lorsque le pays a été incorporé à l'U.R.S.S.

◁ Les mots cyrilliques, en bas du timbre, signifient « poste bulgare ». « CT 20 » est la valeur, exprimée en monnaie bulgare (20 stotinki).

△ Le nom du pays apparaît deux foix : en caractères latins, en bas — « Nippon » est le nom japonais du Japon —, en caractères japonais en haut. Ce système de double dénomination existe depuis 1966.

◁ Voici un timbre du Laos, en Asie du Sud-Est. Le nom du pays est inscrit en caractères nationaux en haut à gauche et en français en bas à droite. Longtemps dominé par la France, le Laos a conservé le français.

PHILATÉLIQUEMENT DISPARUS

1

2

△ En 1861, onze États du Sud se séparèrent des États-Unis pour se gouverner eux-mêmes. Ce fut la sanglante guerre de Sécession entre les États confédérés du Sud et les États du Nord, désireux de rester dans l'Union. Jefferson Davies, représenté sur le timbre de la confédération (**1**), fut un éphémère président des États séparatistes. Les confédérés cessèrent d'émettre des timbres après leur défaite, en 1865. Sur cette lettre (**2**), un timbre de 1861 avec le drapeau de l'Union et un poème à sa gloire.

▽ Cette bande (**1**) montre, à l'aide de cartes, comment divers États se sont réunis pour former le Canada. La Colombie-Britannique et l'île de Vancouver rejoignirent l'Union canadienne en 1871. Vous pouvez les voir représentées sur le deuxième timbre de la bande. En 1962, le Canada commémora la fondation, un siècle plus tôt, de Victoria, la capitale de la Colombie-Britannique, avec un timbre montrant le premier timbre de l'État, en 1860 (**2**). Le Canada ne fut complètement formé qu'en 1949, avec l'adhésion de Terre-Neuve. Le dernier timbre propre à Terre-Neuve, émis en 1947 (**3**), célébrait son découvreur, Jean Cabot.

2

3

1

1 2 3

△ Ces timbres montrent ce qui s'est passé lorsque la colonie britannique de la Côte-de-l'Or (**1**) est devenue le Ghana indépendant.

Le timbre de la Côte-de-l'Or, surchargé (**2**) servit pendant six mois, le temps d'émettre le premier timbre ghanéen. Celui-ci (**3**) a été émis deux ans après l'Indépendance.

Quand vous parcourez un catalogue, vous découvrez des pays qui n'existent plus. Ils sont « philatéliquement disparus ».

Un pays peut être philatéliquement disparu pour de nombreuses raisons. Certains, comme Ceylan, devenu le Sri Lanka en 1972, ont simplement changé de nom. D'autres ont pu être des colonies dirigées par un autre pays situé à des milliers de kilomètres. La plupart de ces colonies sont aujourd'hui indépendantes ; pour affirmer leur identité nationale, elles ont pu changer de nom. La Côte-de-l'Or, en Afrique occidentale, par exemple, fut colonie britannique, puis, en 1957, accéda à l'indépendance sous le nom de Ghana. Certaines régions ayant émis leurs propres timbres font depuis partie d'autres pays. Hawaii, par exemple, fait partie des États-Unis et utilise des timbres américains. Le Tibet, en Asie, autrefois indépendant, fait maintenant partie de la Chine.

Quelques pays comme l'Allemagne, l'Italie, le Canada ou l'Australie étaient autrefois des groupes de petits États. Aussi, les premiers timbres de ces pays portent-ils le nom de ces petits États. Lorsque, par la suite, les États se réunirent pour former de plus grands pays, leurs timbres portèrent le nom de ces nouveaux pays.

Parfois, ce sont de grands pays qui se sont scindés en deux ou en plusieurs plus petits pays. En 1947, l'Inde, britannique, est devenue indépendante et s'est divisée en deux nouveaux pays : le Pakistan et une Inde plus petite.

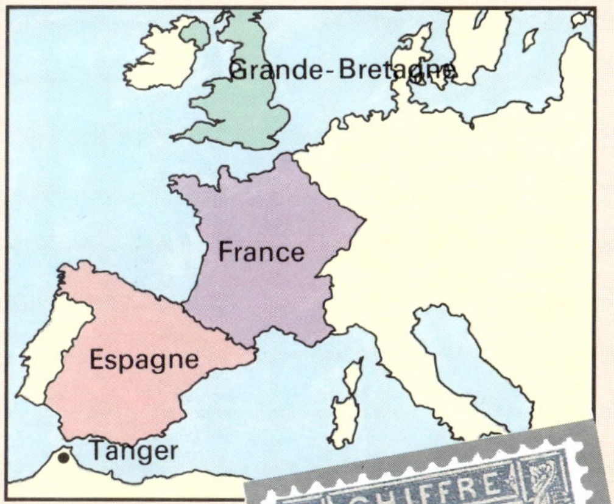

1 2 3

◁ Tanger, ville marocaine, devint zone internationale en 1923 et fut administrée par trois pays, la France, la Grande-Bretagne et l'Espagne. Chacun de ces pays y avait sa poste propre et y émettait ses timbres. En voici quelques exemples : (**1**) un timbre espagnol, (**2**) un timbre-taxe français surchargé et (**3**) un timbre anniversaire britannique. Tanger disparut philatéliquement en 1956, lorsque le Maroc accéda à l'indépendance et émit ses premiers timbres.

HERALMI

◁ Ces timbres américains d'usage courant ne sont pas comme les autres. Leur valeur a été remplacée par la lettre C. Ils sont imprimés en prévision d'un prochain changement de tarifs et sont utilisés en attendant que les nouvelles valeurs soient imprimées. Ils sont alors vendus au nouveau prix. D'autres pays, comme la France, ont recours à ce système.

◁ En 1935, Astrid, la jeune et jolie reine de Belgique, se tuait dans un accident de voiture. En souvenir de ce tragique événement, la Belgique a émis une série de timbres de deuil, reconnaissables à leurs bordures noires.

△ Voici un timbre de franchise militaire français. Il ne porte aucune valeur, car une lettre revêtue de ce timbre voyageait gratuitement. Ce type de timbre était exclusivement réservé aux militaires de carrière et aux soldats effectuant leur service militaire. La France en a émis depuis 1901 ; celui-ci date de 1964.

△ Mercure, représenté ici sur un timbre pour journaux autrichien de 1918, était le messager des dieux romains. L'image de ce porteur rapide de nouvelles et d'informations convenait parfaitement à des timbres destinés à l'envoi des magazines et des quotidiens par la poste. L'Autriche a ainsi utilisé Mercure de 1851 à 1921.

△ Timbre italien émis en 1956 en l'honneur du service postal aérien de nuit.

POURQUOI ÉMET-ON DES TIMBRES ?

△ Ce timbre américain pour distribution spéciale montre une lettre livrée à moto pour être acheminée plus rapidement. Une distribution spéciale coûte évidemment plus cher qu'une distribution normale.

▽ Ce timbre italien à l'effigie du roi Victor-Emmanuel III servait aux lettres exprès pour l'étranger.

△ Voici un timbre-taxe de Wallis-et-Futuna émis en 1930, alors que ces îles du Pacifique étaient encore des colonies françaises. À l'origine, le timbre devait servir en Nouvelle-Calédonie, mais la surcharge a modifié le lieu de son utilisation.

On émet des timbres pour diverses raisons. Certains timbres, nommés « définitifs » ou « d'usage courant », sont des timbres ordinaires utilisés en permanence pour poster des lettres et des paquets. La France, par exemple, a émis des millions de timbres d'usage courant représentant des personnages mythiques ou symboliques, comme Cérès, la Semeuse, Sabine, Mercure ou Marianne. Les premières séries « Machin », de Grande-Bretagne, ont été émises en 1967. Elles montrent le portrait de la reine Élisabeth II et ont toujours cours vingt ans plus tard (Arnold Machin est l'auteur de ces timbres).

Les timbres commémoratifs sont émis à l'occasion d'événements spéciaux, tels les anniversaires. Au contraire des « usages courants », ils ne sont vendus à la poste que durant une courte période. Les « commémoratifs » sont généralement plus grands que les « usages courants » ; ils portent presque toujours un dessin original. Les timbres-taxes sont apposés sur les lettres qui n'ont pas reçu assez de timbres pour payer l'affranchissement. Le destinataire doit alors payer une somme supplémentaire représentée par le timbre-taxe.

Il existe des timbres plus chers destinés aux colis ou servant à accélérer l'envoi et la distribution du courrier. Les timbres pour distribution par porteur spécial (par exprès) en sont des exemples courants. Certains pays comme l'Australie ou le Brésil ont utilisé des timbres spéciaux pour l'envoi des journaux à prix réduit.

La Belgique emploie toujours des timbres de chemin de fer pour le courrier transporté par rail. Enfin, il existe des centaines de types différents de timbres officiels ou de service utilisés par certaines administrations.

▽ Voici des timbres italiens pour colis postaux. L'expéditeur collait la partie gauche du timbre pour payer le port. La partie droite servait de reçu prouvant, en cas de perte, que le colis avait bien été pris en charge par la poste. Le premier de ces timbres date de 1914.

△ Artiste dessinant un papillon pour un timbre.

△ Correction de petites erreurs sur un cylindre d'impression en photogravure.

▷ Perforation des feuilles sur un cylindre ultra-moderne. L'opération est très délicate et doit être contrôlée par ordinateur.

1

2

◁ Beaucoup de timbres semblent contenir toutes les couleurs de l'arc-en-ciel. En fait, ils sont, pour la plupart, imprimés en quatre couleurs : bleu, jaune, rouge et noir. Avant d'imprimer une image, une machine spéciale en fait quatre photos différentes, une par couleur. On en fait ensuite des plaques d'impression, une pour chaque couleur. À la loupe, vous verrez que chaque photo est constituée de milliers de points bleus, rouges, jaunes et noirs. Imprimés les uns sur les autres, les points se mélangent et donnent l'illusion des couleurs originales. Cette série spéciale montre trois des couleurs qui constituent le timbre final. Le jaune n'est pas seul mais accompagné du bleu (**1**) et du rouge (**2**). Que remarquez-vous entre la camionnette du dernier timbre et celle des timbres précédents ?

▷ Ces ébauches ont été réalisées pour un concours qui, en 1911, devait décider des premiers timbres d'usage courant en Afrique du Sud. Ce type d'esquisses fait gagner du temps. Par la suite, l'artiste passe plus de temps à les finaliser.

LA FABRICATION D'UN TIMBRE

△ Cette énorme presse moderne peut imprimer plus de dix millions de timbres à l'heure, en dix couleurs différentes.

◁ Ce timbre allemand montre des timbres sortant d'une presse sous forme d'une longue bobine de papier.

△ Vérification des timbres avant qu'ils ne soient envoyés dans les bureaux de poste.

Il faut le travail et l'attention de beaucoup de gens pour produire un timbre. En premier, un groupe de personnes décide de ce que le timbre représentera. Ensuite, on demande à plusieurs artistes de dessiner le timbre ou de l'illustrer avec une photographie ou un tableau. Après avoir choisi la meilleure illustration, on ajoute les inscriptions telles que la valeur. Si le timbre est gravé, on confie l'illustration à un graveur, qui utilise un outil spécial pour graver le dessin sur un bloc d'acier poli. D'autres procédés d'impression font appel à des machines photographiques pour reproduire et réduire le dessin à la taille du timbre.

Quelle que soit la méthode utilisée, l'étape suivante consiste à imprimer une épreuve sur une petite presse. L'épreuve ressemble au timbre mais n'a pas de perforation. On la compare au dessin original pour vérifier que celui-ci a été fidèlement reproduit. Si ce n'est pas le cas, l'épreuve est renvoyée à l'imprimeur pour être corrigée.

On est alors prêt à imprimer le timbre. Une feuille complète peut contenir plus de 200 timbres ; aussi, une machine photographique reproduit le timbre sur plusieurs rangées sur un grand morceau de film pour en faire une plaque d'impression. Cette plaque est généralement mise sur un rouleau de façon que les timbres soient imprimés en continu sur un long rouleau de papier, découpé ensuite en feuilles. Les machines modernes peuvent imprimer des millions de timbres à l'heure.

Après l'impression, les timbres passent à nouveau entre deux rouleaux. L'un a des rangées de trous rapprochés, l'autre a des rangées d'aiguilles qui s'imbriquent exactement dans les trous du premier. En passant entre les deux rouleaux en mouvement, les feuilles de timbres sont perforées. Enfin, on vérifie qu'il n'y ait pas d'erreurs d'impression sur les timbres. Les collectionneurs en sont friands, mais les imprimeurs n'aiment pas en laisser échapper !

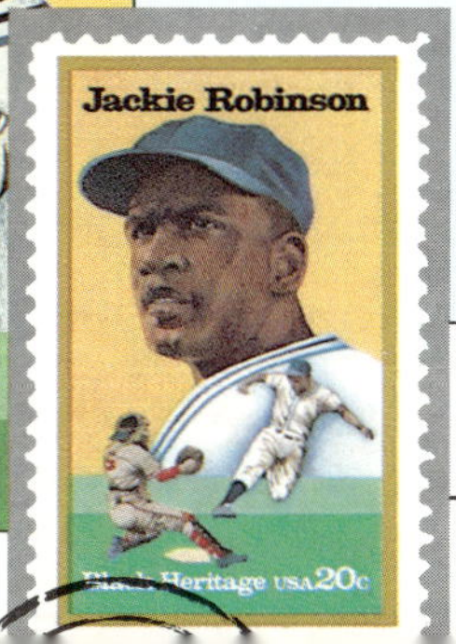

◁ En grand, un tableau représentant un joueur de base-ball. Au-dessous, vous pouvez voir le timbre définitif avec les inscriptions.

L'IMPRESSION

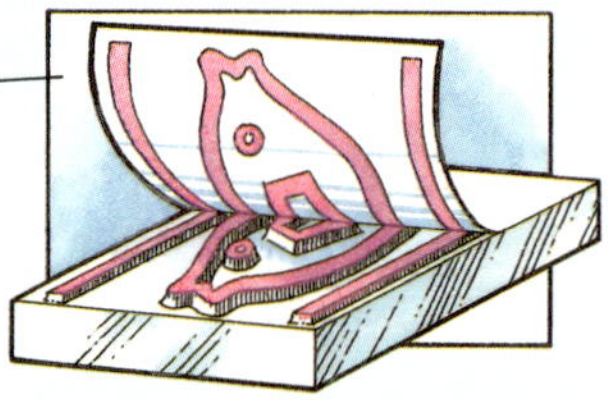

◁ Ce timbre-taxe français était imprimé en typographie. Vous pouvez voir que son impression n'est pas aussi bonne que celle des autres timbres de cette page. On reconnaît souvent la typographie aux bordures des parties imprimées. Quand il y a trop d'encre sur la plaque d'impression, l'encre en excès est chassée vers les bords des parties saillantes de la plaque. Cela se traduit par des taches sombres et irrégulières visibles à la loupe.

▷ Ce timbre a été imprimé en offset, comme ce livre. Il est très coloré, mais les couleurs proviennent en majorité de petits points utilisant un nombre réduit de couleurs, qui, en se fondant, donnent ce résultat multicolore. L'offset se reconnaît aux contours légèrement irréguliers des traits.

◁ Le dessin d'un timbre gravé est creusé dans une plaque d'acier. Ces creux sont de fins sillons. Quand la plaque est encrée, une lame essuie la surface, ne laissant l'encre que dans les sillons. Le papier est ensuite pressé contre la plaque. L'encre se fixe dessus sous forme de stries que l'on peut sentir en passant le doigt.

Ce timbre gravé français montre le travail du graveur. La gravure à la main coûte plus cher que la photogravure réalisée par une machine photographique.

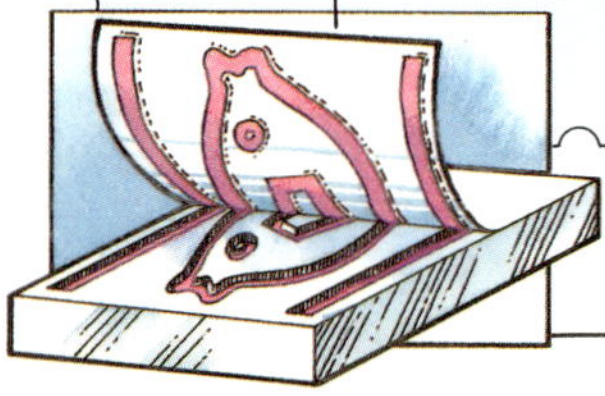

△ Ces timbres hollandais ont été imprimés en héliogravure. Malgré la richesse de leurs couleurs, qui se fondent en douceur, ils sont constitués de millions de minuscules points de quatre couleurs seulement. Ces points sont imprimés selon une trame, un fin quadrillage qui couvre toute la plaque d'impression, y compris les légendes. Ce sont elles que l'on regarde pour reconnaître l'héliogravure : au lieu d'être nets, les bords de lettres sont irréguliers.

Il existe différents procédés pour imprimer un timbre. Les timbres de cette page vous en montrent quelques-uns. Certains détails ont été grossis pour vous aider à les reconnaître.

Un timbre est un morceau de papier imprimé au moyen d'une plaque d'impression. Mais l'encre ne couvre pas tout le timbre : le papier reste apparent à certains endroits. Aussi, certaines parties de la plaque doivent-elles imprimer et d'autres non. Il existe différentes façons de ne faire tenir l'encre que sur certaines parties de la plaque d'impression.

Les premiers timbres, en 1840, ont fait appel à la taille-douce. Dans ce procédé, l'encre se fixe dans les creux de la gravure, les tailles. La gravure en taille-douce (souvent appelée simplement « gravure ») est très employée par des pays comme la France, l'Autriche, la Suède, la Tchécoslovaquie...

L'héliogravure est une version moderne de la gravure. Le dessin n'est plus fait de traits mais de millions de petits points imprimés par de très petits trous répartis sur la plaque au moyen d'un procédé photographique.

La typographie est le procédé d'impression le plus simple. L'encre est déposée sur les parties en relief de la plaque d'impression. La typographie n'est plus guère utilisée aujourd'hui, car les autres procédés donnent de bien plus beaux timbres.

Très courant dans plusieurs pays, l'offset fait appel à des plaques lisses. Certaines parties subissent un traitement chimique pour attirer et fixer l'encre ; les autres parties ne fixent pas l'encre et donc n'impriment pas.

◁ Les timbres en relief sont fabriqués avec deux plaques. Mais il ne s'agit pas vraiment d'imprimerie puisqu'il n'y a pas d'encre. Imaginez un masque qui s'adapte parfaitement à votre visage. Une des plaques en relief porte un dessin en creux comme l'intérieur du masque. L'autre plaque porte le même dessin, mais en relief, comme votre visage à l'intérieur du masque. Lorsqu'un timbre est pressé entre les plaques, il prend la forme du dessin. L'impression en relief, longue et coûteuse, est peu employée de nos jours.

◁ Rares sont les timbres imprimés au moyen de deux procédés. Ici, le navire est en taille-douce et le portrait en héliogravure.

DIFFÉRENTS ASPECTS DU TIMBRE

Certaines personnes collectionnent des timbres différents de ceux que l'on trouve couramment à la poste. Les collections de cartes-maximums sont fréquentes en France, en Allemagne et au Japon. La carte-maximum est une carte postale illustrée qui porte un timbre et une oblitération ayant le plus de rapport possible avec l'illustration.

Les feuillets comportent un ou plusieurs timbres et présentent de larges marges décoratives ou contenant des informations supplémentaires sur le timbre ou les événements qu'il commémore. Les feuillets-souvenirs sont souvent offerts lors des expositions de timbres mais ne sont pas tous utilisables pour l'affranchissement.

Les documents officiels édités par la poste sont des notices spéciales comportant le timbre oblitéré du premier jour et une présentation du sujet du timbre.

Certains collectionnent aussi des carnets de timbres se présentant en petits feuillets insérés dans une couverture cartonnée. Dans ces carnets, on trouve parfois des timbres de différentes valeurs, des publicités et des informations concernant la poste.

La plupart de ces pièces philatéliques sont rigides et encombrantes. Si vous en collectionnez beaucoup, il vous faut des albums spéciaux comportant de grandes pochettes transparentes. Cependant, si vous en possédez peu, vous pouvez utiliser des coins photos adhésifs pour les fixer dans un album ordinaire.

△ Cherchez attentivement le véritable timbre dans ce feuillet de la Sierra Leone... Il est au milieu du vitrail. Cela montre combien un timbre peut être plus séduisant lorsqu'il est intégré à une vue d'ensemble. Il existe des feuillets sans perforations. Ils forment alors un tout que l'on assimile à un timbre géant.

△ Voici des timbres avec des marges publicitaires issus d'un carnet anglais de 1936 contenant des timbres à l'effigie du roi Édouard VIII. « Cash's Satin Lingerie Ribbons » était une marque de vêtements sur lesquels était brodé votre nom.

▽ Ce feuillet-souvenir commémorait un concours de dessin, ouvert aux jeunes Allemands et ayant pour thème le timbre de l'an 2000. Le « timbre » peut ne pas servir pour le courrier, mais il peut tout de même intéresser des collectionneurs. De tels feuillets-souvenirs sont émis pour des événements comme des expositions philatéliques. Les authentiques feuillets peuvent également servir de souvenirs.

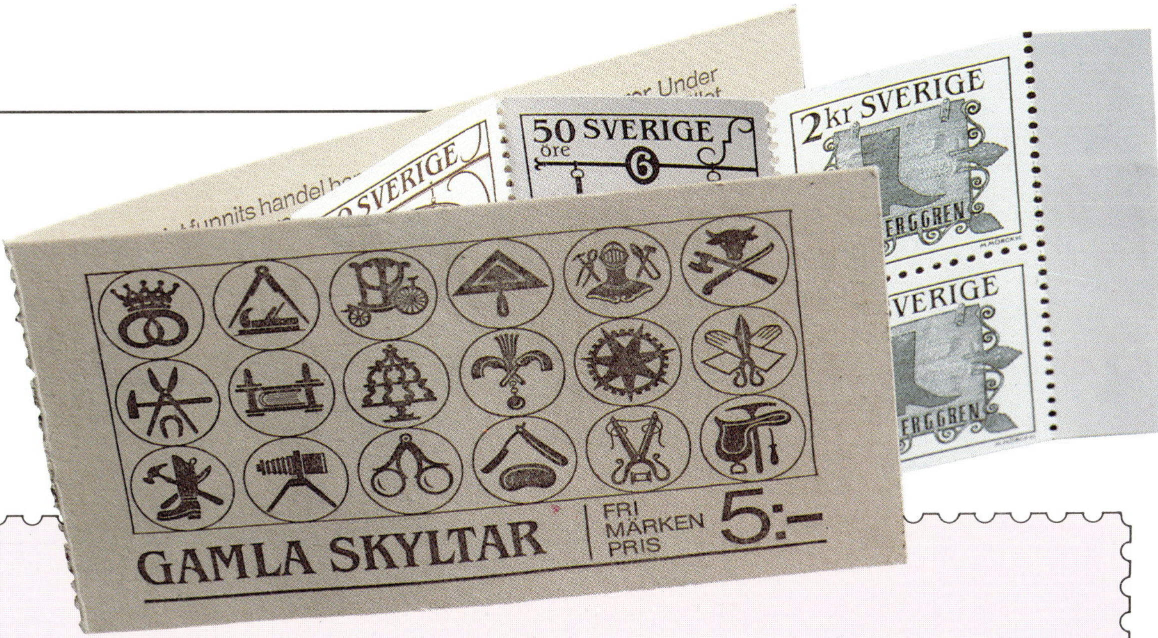

△ Les timbres de ce carnet suédois montrent de vieilles enseignes comme celles des boulangers et des cordonniers. Les carnets sont souvent vendus par des distributeurs situés à l'extérieur des bureaux de poste. Les timbres du bord ne sont pas dentelés. Ce n'est pas une erreur, mais un procédé de fabrication des carnets.

△ Cette bande a été émise par la France pour Saint-Pierre-et-Miquelon, département d'outre-mer proche des côtes canadiennes. Les trois parties forment une illustration complète. Les timbres ainsi disposés sont dits « se-tenant ». La bande a été conçue de façon que chaque partie, une fois détachée, donne une belle image par elle-même.

▽ Voici l'une des cartes-maximums émises en 1987 en Grande-Bretagne, pour le 300e anniversaire de l'important ouvrage de physique d'Isaac Newton. Newton est censé avoir découvert la gravité en voyant une pomme tomber d'un arbre. Les cartes-maximums portent une oblitération en rapport avec le timbre.

◁ Ce timbre israélien de 1989 comporte une marge illustrée. Entre 1893 et 1921, la Belgique a également émis des timbres avec des marges illustrées, moyen efficace d'ajouter une décoration supplémentaire ou une information concernant le sujet du timbre.

△ Les timbres parmi les plus étranges sont ces « timbres sonores » du Bhoutan. Émis en 1973, ils sont en plastique et peuvent vraiment être écoutés. Ils jouent l'hymne national bhoutanais, des musiques folkloriques ou même racontent l'histoire du Bhoutan. La série comprenait sept timbres rouges, bleus, verts, noirs ou transparents.

△ La plupart des timbres sont imprimés sur du papier. Mais, en 1955, la Hongrie en imprima un sur une feuille d'aluminium à l'occasion du congrès de la métallurgie. Depuis, d'autres timbres de ce type ont été émis par des pays comme Tonga, l'U.R.S.S. et la République Centrafricaine, auteur de ce timbre sur l'espace en 1982.

▽ Entre 1969, date à laquelle fut émis ce timbre en forme de banane, et 1985, Tonga émit plus de 600 timbres auto-adhésifs. Il suffit de les décoller de leur support et de les apposer sur l'enveloppe. Beaucoup de ces timbres ont une forme inhabituelle : celle d'une montre ou d'un perroquet, par exemple.

TIMBRES ÉTRANGES

△ Ce timbre du Bouthan de 1976 est recouvert d'un plastique spécial donnant l'illusion qu'il est en trois dimensions. Malheureusement, ce livre est imprimé sur papier, aussi l'effet de relief n'est pas restitué ici. Ce timbre provient d'une série de 11 timbres représentant des masques de cérémonie traditionnels.

▽ Si vous trouvez ce timbre italien de 1956, ne croyez pas avoir trouvé une erreur exceptionnelle ! En regardant le timbre à travers des lunettes spéciales, les deux parties du dessin se superposent et donnent l'illusion que le timbre est en trois dimensions.

Un rapide coup d'œil sur les pages de ce livre vous montrera que la plupart des timbres sont carrés ou rectangulaires. Mais d'autres sont différents, triangulaires par exemple. Les premiers timbres triangulaires ont été émis en 1853 au cap de Bonne-Espérance, alors colonie anglaise. En 1930, l'Espagne en émit à son tour sur les trois caravelles de Christophe Colomb. Chaque timbre était imprimé avec une vignette assortie qui lui donnait la forme d'un diamant. D'autres timbres ont une forme ovale ou octogonale (huit côtés).

On a aussi émis des timbres autocollants avec des formes étranges comme des rouleaux de parchemin, des cartes géographiques, des fruits, et, en 1970 en Sierra Leone, un coffret à bijoux contenant un énorme diamant.

Le Bhoutan, un minuscule royaume himalayen, a émis quantité de timbres inhabituels comme ceux imprimés sur du plastique, du métal, ou sur soie, ou des timbres en trois dimensions. Il y avait également quelques timbres montrant des roses. Ce qui n'a rien d'extraordinaire si ce n'est qu'ils sentaient vraiment la rose !

Presque tous les timbres cités jusque-là sont récents. Mais, dans lès années 1920, à cause d'une pénurie de papier, la Lettonie utilisa des feuilles initialement prévues pour des billets de banque et imprimées d'un seul côté, pour fabriquer des timbres de l'autre côté.

1

2

◁ Chacun de ces timbres présente deux sortes de perforations : une, normale, à l'extérieur et une autre, inhabituelle, autour du dessin. Le timbre de Singapour (**1**) est perforé en cercle. Celui de Gibraltar (**2**) se découpe en suivant le célèbre rocher de Gibraltar qui s'élève sur la côte sud de l'Espagne et plonge dans la Méditerranée.

COLLECTIONNER LES LETTRES

Il y a toutes sortes de lettres ou enveloppes intéressantes à collectionner. Les lettres dites « commerciales » sont les lettres ordinaires du courrier de tous les jours. Lorsque les timbres forment un affranchissement inhabituel, il est parfois préférable de conserver les lettres entières plutôt que de décoller les timbres.

D'autres lettres sont plus particulières. Les enveloppes « premier jour », par exemple, portent un timbre oblitéré du jour de son émission, souvent au moyen d'un cachet spécial portant la mention « premier jour ». Ces enveloppes portent parfois une illustration spéciale. Elles sont faites par des éditeurs ou par la poste (selon les pays). Des enveloppes commémoratives peuvent marquer une expédition ou l'ouverture d'une nouvelle liaison aérienne.

Une enveloppe paquebot est une enveloppe postée à bord d'un navire possédant lui-même des cachets spéciaux. De même, les enveloppes Zeppelin étaient transportées par les dirigeables Zeppelin jusque dans les années 1930. On peut également collectionner d'autres formes de correspondance : les cartes postales, les cartes de vœux, les entiers et les aérogrammes, prêts à être postés, le timbre étant préimprimé.

La collection des lettres est souvent appelée collection d'histoire postale pour ce qui est des enveloppes datant des débuts de la poste. N'enlevez jamais le timbre d'une vieille lettre. Cela lui retirerait une partie de son intérêt... et de sa valeur ! Les lettres très anciennes, antérieures au premier timbre, sont appelées lettres « préphilatéliques ». Bien que certaines aient plus de quatre cents ans, elles ne sont pas toujours rares ; on peut s'en procurer sans trop de difficultés.

△ Peu de temps après l'émission du premier Penny Black, un jeune homme a envoyé à sa fiancée cette jolie carte appelée « de la Saint Valentin », peinte à la main pour lui dire combien il l'aimait.

▷ Cette lettre recommandée a été postée de Sarawak, alors petit protectorat britannique d'Asie dirigé par les « rajas blancs » (un raja était une sorte de prince indien). Charles Brooke, le deuxième raja, apparaît sur les timbres. La lettre porte aussi des timbres des Straits Settlements, une proche colonie britannique, qui assuraient l'acheminement jusqu'à Amsterdam.

2

1

△ Les timbres de cette enveloppe anglaise « premier jour » (**1**) de 1983 montrent des uniformes militaires anciens et récents. L'oblitération spéciale n'a servi que le jour de l'émission des timbres. Cette enveloppe « premier jour » suédoise (**2**) célébrait, en 1984, le centenaire de la caisse d'épargne de la poste suédoise. En plus de l'oblitération spéciale, l'enveloppe porte la photo d'un livret de caisse d'épargne.

△ L'hovercraft se déplace très vite au-dessus du sol ou de l'eau grâce à ses coussins d'air. Cette enveloppe « premier vol » de 1968 célèbre la mise en service de l'hovercraft entre Douvres, en Angleterre, et Boulogne, en France. Cette enveloppe ressemble à une enveloppe « premier jour », mais elle ne concerne pas l'émission d'un timbre.

▽ Les lettres commerciales sont des lettres ordinaires, mais elles intéressent les collectionneurs, comme cette intéressante lettre du Sarawak, ci-contre à gauche. La première lettre ci-dessous (**1**) a été postée en Inde en 1869 ; certains États indiens, bien que gouvernés par la Grande-Bretagne, disposaient de leurs propres timbres (ici, une lettre de Hyderabad écrite en ourdou, la langue locale). Cette enveloppe russe (**2**) date de 1968.

2

1

1

▷ Un de ces timbres est le premier timbre de la Nouvelle-Galles du Sud, émis en 1850 (**1**). L'autre est un faux de Benjamin et Sarpy. Quelles différences pouvez-vous noter entre les deux ? Comparez la position des étoiles en haut du médaillon. Les timbres montrent une vue de Sydney ; les collectionneurs les appellent « les vues de Sydney ». Jeffreys, celui qui a fabriqué les faux pour Benjamin et Sarpy, fut si content de son travail qu'il baptisa sa maison londonienne « les Vues de Sydney ».

2

1

◁ Ce faux de la propagande américaine opère un changement sur un timbre allemand de 1941. Le vrai timbre (**2**) montrait Adolf Hitler, le Führer (chef) de l'Allemagne nazie, ennemie des États-Unis, de l'Angleterre, de la France et de leurs alliés lors de la Seconde Guerre mondiale. Le faux transformait une partie du visage en tête de mort pour que les Allemands comparent Hitler à la mort et à la destruction, ceci afin de les inciter à cesser le combat. Le faux porte la mention « Futsches Reich » (Reich fichu), au lieu de « Deutsches Reich » (Reich allemand) sur le vrai.

▽ Quelqu'un – on ne sait qui, car le délit n'a pas été découvert avant 1900 – falsifia le One Shilling vert anglais de 1867. De 1872 à 1874, un employé de la Bourse utilisa les faux (**1**) sur les formulaires télégraphiques, volant les vrais (**2**) à son bureau et les revendant ensuite. La plupart des faux sont censés tromper les collectionneurs, mais celui-ci trompa la Poste (un shilling représentait alors une somme importante). Entre autres erreurs, le vert est incorrect et les coins du faux sont arrondis au lieu d'être pointus.

1

2

LES FAUSSAIRES CÉLÈBRES

LES TIMBRES DE NULLE PART

En 1949, l'Indonésie gagna son indépendance après 300 ans de domination néerlandaise. Un soldat hollandais, le capitaine Westerling, en fut si révolté qu'il continua le combat avec sa propre armée. Il revendiqua deux petites îles qu'il nomma République de Malaku Selatan. Bien sûr légalement, sa république n'existait pas. Pourtant, il fit imprimer des timbres, tel celui reproduit ci-dessous. On en imprima des millions et on en trouve encore des feuilles entières à bas prix : le Malaku Selatan disparut après le meurtre de Westerling en 1955. Il y eut des pays imaginaires comme, au XIXe siècle, le Sedang au Viêt-nam, et la principauté caraïbe de Trinidad. Le « roi » du Sedang et le « prince » de Trinidad ont tous deux émit des timbres pour tromper les collectionneurs.

Les falsifications, les copies illégales de timbres ont toujours gêné les collectionneurs et les postes. Quelques faussaires sont devenus très célèbres.

Voici un siècle, Benjamin et Sarpy dirigeaient une entreprise spécialisée dans la copie de raretés. Ils avaient pour clients des collectionneurs qui ne pouvaient s'offrir les originaux et qui tenaient à remplir les cases de leur album, même avec des copies bon marché. Malgré cela, Benjamin et Sarpy escroquèrent des collectionneurs ; en 1891, ils furent condamnés.

Un faussaire suisse, François Fournier, fabriquait des dizaines de copies chaque jour dans son atelier. Il était si fier de son travail qu'en 1910 il édita un catalogue répertoriant « ses » timbres. La société philatélique de Genève le craignait tant qu'en 1928, après sa mort, elle acheta son matériel et le détruisit.

Le plus habile faussaire fut un Italien, Jean de Spérati, dont les productions étaient pratiquement impossibles à différencier des originaux. Il fut arrêté en France en 1942 et accusé d'avoir fait du trafic de timbres rares. En fait, il s'agissait de contrefaçons de Spérati. Pour le prouver, Spérati dut refaire pendant le procès des timbres identiques. Il proclama aussi qu'il n'avait jamais vendu ses copies pour des authentiques puisqu'il les signait au dos. Ainsi il ne fut reconnu coupable ni de contrefaçon ni de contrebande ! Mais les collectionneurs restent prudents, car il a signé ses timbres si légèrement que la signature peut être facilement effacée, ne laissant aucune trace sur le timbre faux.

◁ Ces deux timbres en paire sont des reproductions modernes très réussies d'un timbre mexicain de 1864 montrant Maximilien, l'archiduc autrichien, lorsque celui-ci était empereur du Mexique. Les reproductions sont destinées aux collectionneurs n'ayant pas les moyens de s'offrir les originaux. Le même timbre de 7 centavos, en bas, ne peut être qu'un faux tant il est mal imité. Regardez la différence entre les portraits.

△ Un présentoir de timbres dans une boutique. Ces timbres sont protégés par des feuilles de plastique transparent, ce qui permet aux collectionneurs de les voir facilement.

◁ Un choix d'enveloppes « premier jour » sur le comptoir d'un magasin.

▽ Une page d'un classeur consacré à la thématique « chemin de fer » avec, en bas, quelques ballons. Les marchands arrangent ainsi leurs classeurs pour que tous leurs timbres soient visibles. Ceux-ci ne s'accrochent pas aux timbres de la page d'à côté, car ils en sont séparés par une fine feuille transparente, visible sur la gauche.

BOUTIQUES ET FOIRES

Entrer dans une boutique ou une foire philatéliques revient à pénétrer dans la caverne d'Ali Baba. Où que vous regardiez, il y a des timbres — dans des albums, des classeurs de stock, des pochettes, des boîtes ou, pour les plus rares, sous vitrine. Les marchands de timbres passent beaucoup de temps à classer leur stock et à afficher les prix. Bien que cette profusion de timbres puisse vous désorienter, un marchand sait précisément où trouver celui que vous cherchez.

La grande différence entre les boutiques et les foires vient de ce que les boutiques ouvrent tous les jours, alors que les foires ne se tiennent qu'à dates fixes, chaque semaine ou chaque mois par exemple. Dans les foires, les marchands étalent leurs stocks sur des tables et les remballent à la fin de la journée. La fois suivante, ils peuvent participer à une autre foire, dans une autre ville. Il vous faut connaître le calendrier des foires, car, si vous les manquez, elles ne se représenteront pas avant longtemps.

L'achat de timbres aux enchères est encore différent. Un catalogue présente les lots à vendre, avec, pour chacun d'eux, une estimation de sa valeur (un lot peut aller d'un seul timbre à une collection entière). Lors de la vente, on peut enchérir, c'est-à-dire proposer un prix d'achat. Les autres peuvent renchérir, c'est-à-dire proposer un prix supérieur. Cela continue jusqu'à ce qu'il n'y ait plus d'enchères : celui qui a fait la plus forte proposition emporte alors le lot.

△ En haut, un collectionneur choisit des timbres dans un classeur de stock, une pince à la main, prêt à prendre les timbres désirés. Derrière, une femme achète des billets de collection. Beaucoup de boutiques de timbres vendent d'autres objets de collection, comme des cartes postales, des billets ou des pièces. La photo du bas donne une idée du nombre incroyable de timbres qui peuvent être stockés dans un magasin. Regardez les classeurs et les boîtes de classement derrière le marchand et dans le fond !

▷ La plupart des foires se tiennent à l'abri, dans des locaux, mais le marché aux timbres de Paris est en plein air, tout comme à Amsterdam, la capitale des Pays-Bas. Les marchés en plein air sont très agréables par beau temps, un peu moins lorsqu'il vente ou qu'il pleut !

ACHETER DES TIMBRES PAR CORRESPONDANCE

Nombre de collectionneurs achètent des timbres par correspondance, soit qu'ils n'ont pas de marchands près de chez eux, soit qu'ils sont spécialisés dans des timbres que l'on trouve surtout à l'étranger. Souvent, les collectionneurs préfèrent recevoir les timbres chez eux, car cela leur laisse le temps de faire leur choix. Des marchands, de leur côté, préfèrent vendre par correspondance parce que cela leur évite les frais d'un magasin ou d'avoir à déplacer des classeurs de timbres dans les salons philatéliques.

Les « carnets à choix » sont une façon d'acheter par correspondance. Ils tiennent dans une enveloppe et contiennent des pages de timbres avec leur prix. Il vous suffit de retirer les timbres que vous désirez garder et de retourner le carnet accompagné du paiement.

Les « kilos », eux, sont payables d'avance ; il n'est pas question de retourner ce qui ne convient pas. Par kilos, on entend les timbres sur fragments d'enveloppes, vendus au poids. Cela peut aller d'une petite pochette à un grand sac. Vous vous amuserez à trier les timbres et à les décoller de leur support. C'est un moyen bon marché d'acheter des timbres et de trouver d'intéressantes oblitérations étrangères.

COMMENT DÉCOLLER LES TIMBRES

1 De deux façons : La première, plonger le papier dans de l'eau tiède, les timbres face en dessous. Attendez que les timbres soient décollés. Retirez alors les timbres de l'eau. Manipulez toujours les timbres mouillés avec précaution, car ils se déchirent plus facilement.

2 La deuxième façon consiste à mettre le papier dans l'eau tiède, le timbre en dessus. Laissez ainsi durant 30 minutes.

Pressez très doucement sur le timbre avec le doigt pour vérifier s'il s'est décollé du papier. Attention ! les timbres mouillés se déchirent facilement. Si une petite partie est encore collée au papier, laissez le timbre jusqu'à ce qu'il se détache tout seul.

3 Voici une façon rapide de décoller les timbres des enveloppes par avion à bords colorés, ou d'un papier très coloré, sans que la couleur tache le timbre. Avec de l'eau chaude et un produit spécial – dans un magasin de timbres – ou un liquide pour la vaisselle. Les timbres flotteront presque aussitôt. Retirez-les rapidement de l'eau.

Les kilos de timbres sont attrayants, car ils contiennent habituellement des timbres récents. Mais, si vous trouvez un timbre plus ancien, ne le décollez pas avec les autres : certains timbres anciens ont une encre fugitive qui se dissout dans l'eau. Découpez simplement le support en papier tout autour.

4 Même après avoir été immergés, les timbres peuvent garder de la colle au dos. Cela ressemble à une gelée grisâtre. Pour l'ôter, faites couler sur le timbre un léger filet d'eau froide ou tiède, tout en tenant doucement mais fermement le timbre entre le pouce et l'index. Ne mettez pas une trop forte pression d'eau, celle-ci pourrait vous faire lâcher le timbre.

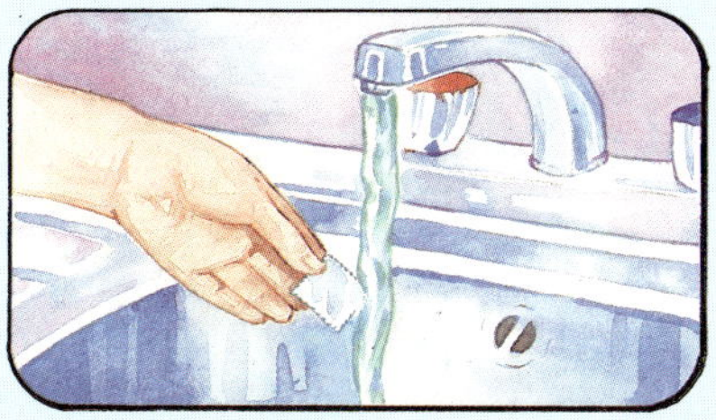

5 Pour sécher les timbres, posez-les d'abord sur un papier blanc et laissez-les sécher. Après dix minutes, environ, mettez les timbres entre deux buvards blancs et propres. Glissez le tout sous un gros livre, timbres bien à plat. Sinon, ils pourraient prendre des plis. Si quelques timbres restent collés au buvard, ne tirez pas dessus, remettez-les dans l'eau.

◁ Les membres d'un club qui veulent vendre des timbres à d'autres membres les envoient dans des carnets, à raison de dix carnets, environ, par expédition. Voici une page d'un carnet. L'acheteur retire ce qu'il veut et note sur le carnet ce qu'il a acheté. Il retourne les carnets et l'argent au responsable des échanges qui tient les comptes. Le responsable adresse alors les carnets à un autre membre.

△ Les expositions prennent souvent place dans de grandes foires aux timbres qui ont lieu deux fois par an et qui réunissent des centaines de marchands et des milliers de collectionneurs de tous pays.

△ Les grandes expositions réunissent beaucoup de vitrines fascinantes. Ces collectionneurs admirent une chouette, oiseau représenté en 1986 sur une série Europa britannique pour la protection de la nature. Derrière les collectionneurs, on voit une thématique « oiseaux ».

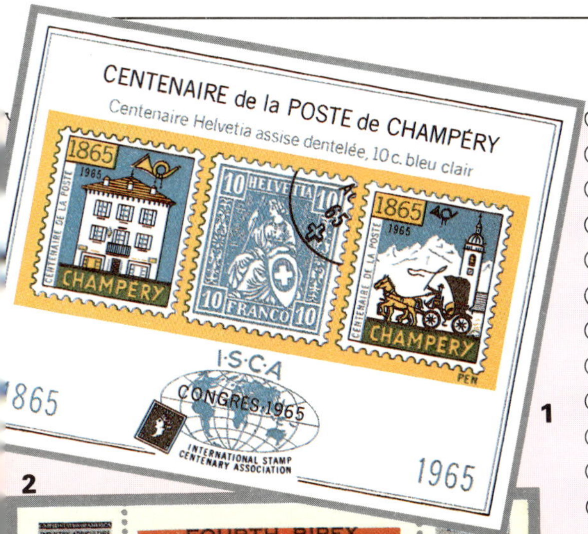

1

2

△ Voici deux feuillets-souvenirs d'expositions. Celui de 1965, pour un congrès philatélique (**1**), commémore le centenaire de la poste de Champéry (Suisse). En son centre est reproduit le premier timbre suisse dentelé de 1882. L'autre feuillet (**2**) marquait en 1944 le 12e anniversaire du club philatélique du Bronx, à New York. Or, en 1944, les États-Unis étaient en guerre. Aussi le feuillet a-t-il été surchargé de l'inscription : « Achetez les bons de la Défense » (un moyen d'aider le gouvernement à financer la guerre). Aux quatre coins, on peut voir la reproduction de timbres américains de cette époque.

CLUBS ET EXPOSITIONS

Un club de timbres, communément appelé société philatélique, rassemble tous ceux qui s'intéressent aux timbres. Les membres discutent de timbres et échangent des informations. Certains font des conférences, d'autres présentent leur collection, d'autres encore participent à des compétitions ou à des expositions au cours desquelles ils montrent des pages de leur collection sous des panneaux vitrés, avant qu'un jury ne détermine la présentation la plus belle et la plus intéressante.

Un club de timbres fonctionne peut-être déjà dans votre école. Si un club rassemble suffisamment de jeunes adhérents, il peut créer une « section jeunes », mais, si vous ne trouvez pas de club près de chez vous, vous pouvez toujours créer le vôtre à l'école, avec quelques camarades.

Dans un club, vous pourrez beaucoup apprendre sur les timbres : d'autres collectionneurs voudront partager avec vous leur enthousiasme et connaître vos centres d'intérêt. Peu importe que vous soyez débutant, jeune ou vieux. Seule compte votre passion pour les timbres.

Les clubs sont de bons endroits pour échanger des timbres. Il existe des journées d'échanges. Certains clubs organisent aussi des ventes aux enchères, mais plus souvent des « circulations » de carnets à choix, du type de ceux que les marchands envoient par la poste (page 50). Tout membre peut constituer des carnets qui seront proposés aux autres membres. Vous retirez les timbres que vous désirez acheter et mettez votre nom à la place.

LES CATALOGUES DE TIMBRES

Depuis 1840, des centaines de milliers de timbres ont été émis dans le monde. Un catalogue vous permettra d'identifier et de trier les vôtres. Les catalogues indiquent le nombre de timbres compris dans les séries, leur valeur, la date de leur émission et leur sujet. Les timbres sont imprimés dans la langue et l'alphabet de leur pays. Leur valeur est exprimée dans la monnaie locale. Tout cela est clairement expliqué dans les catalogues.

Les catalogues vont de la simple liste de timbres aux ouvrages plus spécialisés qui signalent toutes les variations de chaque type de timbre. Les timbres sont répertoriés par ordre d'émission.

La plupart des catalogues reproduisent l'illustration des timbres, souvent en couleurs, et parfois les filigranes, ainsi que des détails de timbres agrandis pour montrer les variétés ou les erreurs. De nombreux pays éditent pour leurs propres timbres des catalogues spécialisés. D'autres catalogues traitent uniquement des « premier jour » ou des thématiques. Il existe toujours un catalogue pour que vous ne soyez pas perdu dans le monde des timbres.

Les catalogues indiquent tous la date d'émission des timbres, leur numéro de référence dans le catalogue, leur reproduction, la valeur qui y est imprimée, leur couleur, ainsi que le prix pour des exemplaires neufs et des exemplaires oblitérés. Certains donnent davantage de renseignements et indiquent le prix des variétés, des enveloppes « premier jour », des feuillets ou des timbres sur lettre ordinaire. Toutes ces informations sont clairement regroupées. Pour

▷ Quel que soit le pays dont vous collectionnez les timbres, vous pouvez trouver un catalogue spécialisé concernant ce pays. Cela est également vrai pour les principales thématiques. Vous avez généralement le choix entre des catalogues simples ou spécialisés.

1 Monde entier ; très simple
2 Grande-Bretagne et Commonwealth ; assez spécialisé
3 Grande-Bretagne ; simple
4 Mammifères ; thématique, tous pays
5 Sports ; thématique, tous pays
6 Belgique et émissions Europa ; spécialisé
7 France ; spécialisé
8 Variétés ; ce catalogue spécialisé indique les principales variétés connues sur tous les timbres français
9 Monde entier ; simple
10 Allemagne ; simple
11 Nations unies ; simple
12 Pays-Bas et ses colonies ; simple
13 États-Unis ; simple
14 États-Unis ; « premier jour »
15 Canada ; « premier jour »
16 Australie ; simple
17 Chine populaire ; simple
18 Belgique ; spécialisé
19 Danemark ; spécialisé
20 Îles Féroé ; spécialisé
21 Autriche ; spécialisé

montrer la différence entre un catalogue simplifié et un autre spécialisé, voici des extraits de deux catalogues anglais. Le premier (**1**) montre le 2 Shilling 6 Pence brun « hippocampe » anglais de 1913. Le second (**2**) montre le même timbre, mais plus en détail et dans différentes nuances de brun. Le catalogue simplifié présente toujours la version la plus commune et la moins chère d'un même timbre.

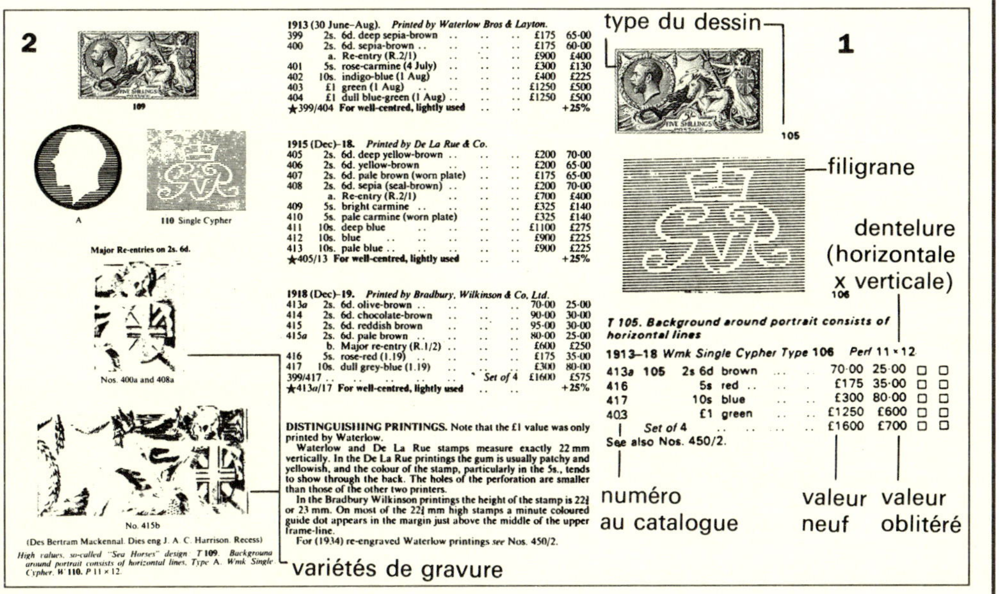

TIMBRES CÉLÈBRES

◁ Ce timbre sur timbre du Guyana ne coûte que quelques centimes, mais il montre le timbre le plus célèbre du monde, le 1 cent magenta (rouge) de Guyane britannique. Il n'existe qu'un exemplaire de l'original. S'il était mis en vente, il dépasserait probablement les dix millions de francs !

△ L'île Maurice, dans l'océan Indien, fut la première colonie britannique à émettre un timbre, en 1847. Les timbres avaient été commandés en Grande-Bretagne, mais ils n'avaient pas été livrés à temps. Aussi, une entreprise locale imprima en catastrophe 500 1 penny et 500 2 pence s'inspirant des timbres britanniques. Ils furent tous vendus sur-le-champ et, aujourd'hui, les « Post Office » de Maurice sont extrêmement rares.

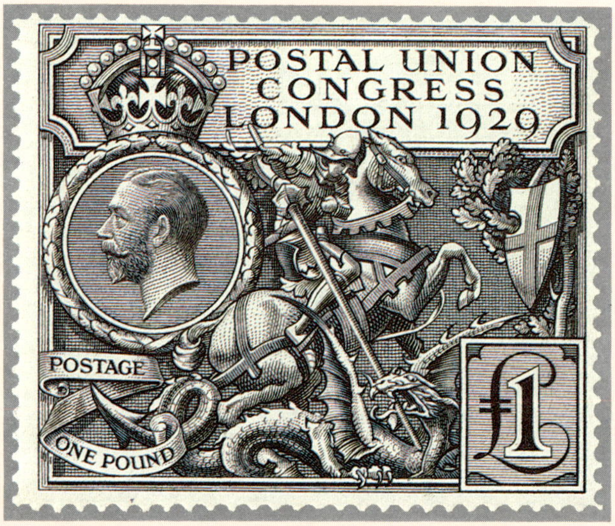

△ Ce beau timbre anglais a été émis en 1929 pour le congrès de l'Union postale. Il montre saint Georges, le patron de l'Angleterre, tuant un dragon. Il fut, jusqu'en 1980, le plus grand timbre émis en Grande-Bretagne.

△ En 1900, pendant la guerre des Boers, en Afrique du Sud, la ville de Mafeking fut assiégée sept mois par les colons boers en révolte contre les autorités britanniques. Cette carte montre une scène de combats et deux timbres imprimés par les troupes britanniques assiégées. L'un représente un messager à bicyclette, l'autre Baden-Powell, héros du siège et, plus tard, fondateur du mouvement scout en 1908.

◁ Le cygne noir, le symbole de l'Australie occidentale, est apparu sur tous les timbres de la colonie jusqu'en 1902. Le premier, le célèbre 1 penny noir, a été émis en 1854. Il est ici repris sur un timbre italien émis pour une exposition philatélique.

1

2

△ Le 4 pence bleu des Triangulaires du Cap (**1**), joliment gravé, a été imprimé en Grande-Bretagne. Lorsqu'il fut épuisé, la colonie fabriqua ces timbres localement (**2**). Ils sont si grossiers qu'on les a surnommés les « woodblocks », comme s'ils avaient été imprimés au moyen de blocs de bois (*wood blocks,* en anglais). Celui-ci est très rare car imprimé par erreur en rouge (la couleur du 1 penny) et non en bleu.

Certains timbres sont devenus célèbres parce qu'ils sont très rares et très chers ; d'autres parce que les collectionneurs admirent leur beauté. Les erreurs d'impression peuvent encore ajouter à la renommée d'un timbre comme le peut également une histoire fascinante liée à son émission. D'autres encore sont remarquables parce qu'ils sont les premiers dans leur genre, comme les « cotton-reels » de Guyane britannique (1850), lesquels étaient les premiers timbres ronds ; leur surnom vient de ce qu'ils ressemblaient aux étiquettes des bobines de fil (*cotton reels*, en anglais). Les célèbres Triangulaires du cap de Bonne-Espérance étaient également les premiers timbres ayant cette forme.

Inhabituels également, les timbres ougandais fabriqués en 1895 par un missionnaire anglais, le révérend Millard. Il les imprima un à un sur sa machine à écrire et exprima leur valeur en cauris, coquillages qui servaient localement de monnaie.

Malheureusement, seules des personnes fortunées peuvent s'offrir ces timbres célèbres. Mais vous pouvez encore les collectionner, car ils ont, pour la plupart, été repris sous forme de timbre sur timbre. Les Dragons du Japon, les « cantonaux » suisses et les « œils-de-bœuf » du Brésil sont quelques-unes de ces vedettes émises en timbre sur timbre. Elles sont souvent reproduites à l'occasion d'un anniversaire dans le pays qui a émis les originaux.

◁ Les célèbres « Missionnaires d'Hawaï » de 1851 doivent leur surnom aux missionnaires américains venus christianiser l'île, qui écrivaient fréquemment chez eux. Ils sont très rares et prisés depuis longtemps des collectionneurs : c'est pour un « Missionnaire » que Gaston Leroux fut assassiné...

◁ Les premiers timbres du Brésil, émis en 1843, sont appelés « œils-de-bœuf », car leur forme rappelait celle d'un œil géant. Il y avait trois valeurs, le 30 reis, ici reproduit, le 60 et le 90 reis, toutes imprimées en noir sans le nom du pays.

▽ Ces timbres français de 1849, en paire tête-bêche, sont parmi les plus rares du monde. Un tête-bêche provient d'un cliché monté à l'envers lors de la fabrication de la plaque d'impression.

▷ Ce timbre américain de 1918 est célèbre pour deux raisons : le biplan Curtiss « Jenny » imprimé à l'envers est une erreur très rare qui lui confère une grande valeur. Ensuite, il s'agit du premier timbre de poste aérienne des États-Unis.

POSTE AÉRIENNE

1

LE SIÈGE DE PARIS

En 1870, Gibson Bowles, un reporter américain, se trouva bloqué lorsque l'armée allemande encercla Paris durant la guerre franco-prussienne. Il devait envoyer un article sur le siège à son journal, aussi eut-il l'idée de l'envoyer par ballon. Des ballons avaient déjà transporté du courrier, mais Bowles suggéra un service aérien régulier. Le premier ballon-poste, le *Neptune*, quitta Paris le 23 septembre avec environ 100 kg de courrier ; il atterrit 100 km plus loin à Cracouville, près d'Évreux. Durant le siège, 67 ballons quittèrent la capitale, chacun d'eux emportant des pigeons utilisés pour envoyer les réponses.

3

△ Un ballon-poste s'envole d'un camp militaire de fortune à Paris pendant le siège de la ville par l'armée allemande (**1**). Il transportait des lettres comme celle-ci (**2**), qui a été expédiée de Paris le 5 novembre 1870. Le siège dura de septembre 1870 à janvier 1871. Finalement, les Parisiens, affamés, furent obligés de se rendre. Le timbre français de 1971 commémore le centenaire de l'utilisation de la poste par ballons par la ville assiégée (**3**).

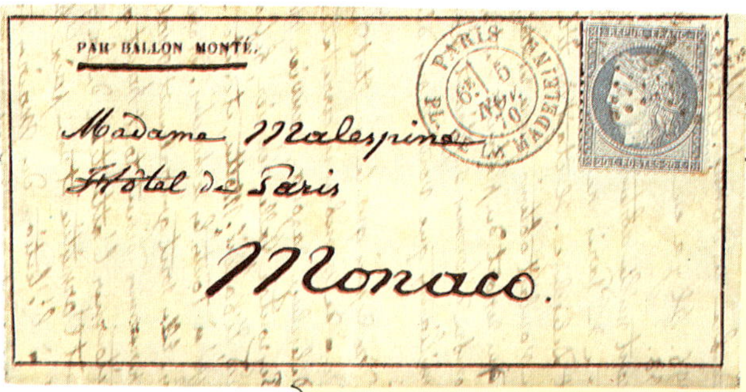

2

◁ La poste aérienne est particulièrement développée dans des pays comme le Mexique, le Pérou, le Brésil ou les États-Unis, car les distances y sont importantes et les transports terrestres difficiles. Ces timbres viennent du Mexique, un des nombreux pays qui émettent des timbres spéciaux pour le courrier par avion.

◁ Ces deux aérogrammes britanniques sont faits d'un papier léger afin qu'un avion puisse en transporter un grand nombre. Les premiers aérogrammes ont été émis par l'Iraq en 1933.

▽ En 1919, Henry Hawker et K. Mackenzie Grieve décollèrent de Terre-Neuve (Canada) pour l'Angleterre. Mais, comme le montre cette image de paquet de cigarettes (**1**), ils s'écrasèrent après 2 400 km. Cette enveloppe (**2**) était à bord. C'est ce que les collectionneurs nomment du « courrier accidenté ». Le timbre surchargé émis pour le vol s'est décollé dans l'eau, mais il a été récupéré et recollé.

1

2

▽ Les pilotes italiens furent de grands pionniers des vols longs et dangereux. Ces trois timbres italiens de 1933 commémorent le vol transatlantique d'une importante formation d'avions italiens. Les timbres sont surchargés « volo di ritorno » (vol de retour), mais ils n'ont jamais été utilisés.

La poste aérienne, transport du courrier par voie aérienne, a commencé avec les ballons, bien des années avant les premiers vols d'avions. Les ballons volaient au gré du vent, même lorsque celui-ci soufflait dans la mauvaise direction... Lorsque les avions sont devenus fiables, on fut sûr que le courrier pourrait arriver à destination.

Le premier courrier aérien officiel a été assuré en Inde en février 1911, par un Français. Ensuite, des vols furent organisés en Grande-Bretagne, en France, au Danemark, en Italie et aux États-Unis. En 1917, durant la Première Guerre mondiale, les Italiens organisèrent un service de courrier aérien entre Rome et Turin. Un autre service entre Rome et Naples faisait appel à des hydravions, capables de se poser sur l'eau. Ils remplaçaient les navires, menacés par les sous-marins ennemis.

La poste aérienne a été très importante en Amérique du Nord et en Amérique du Sud, où le courrier devait voyager sur de longues distances et traverser des régions difficiles. La poste aérienne américaine a commencé en 1918 par un vol entre Washington, New York et Philadelphie. Les timbres émis pour ce vol furent les premiers d'une célèbre série.

▽ Les immenses zeppelins sont des dirigeables qui doivent leur nom à leur inventeur, le comte allemand von Zeppelin. Le biplan accompagnant un zeppelin sur cette carte postale (**1**) était, au début, un moyen de transport moins efficace : les zeppelins ont, bien avant l'avion, assuré des vols transatlantiques réguliers. Dans les années 1930, de nombreux pays, dont les États-Unis (**2**), ont commémoré leurs vols.

2

1

LES COURRIERS ÉTRANGES

Délivrer le courrier n'a pas toujours été aussi simple que poster une lettre à la boîte, et bien des procédés ont dû être mis en œuvre. Du courrier a, par exemple, voyagé par pneumatique. La poste pneumatique était un système dans lequel les lettres étaient roulées à l'intérieur d'un cylindre, propulsé à grande vitesse à travers des tuyaux sous air comprimé. Elle était utilisée, sur de courtes distances, dans des grandes villes. La Grande-Bretagne fit un essai infructueux en 1859. Plus tard, la France, l'Allemagne, l'Autriche et l'Italie exploitèrent de meilleurs systèmes de poste pneumatique.

Dans les régions difficilement franchissables par la route, des services postaux inhabituels ont été mis en place : les lamas en Bolivie, sur les pentes escarpées des Andes ; les chameaux, qui peuvent marcher des jours sans boire, dans les vastes déserts d'Égypte et du Soudan ; la troïka, traîneau tiré par des rennes ou des chevaux pendant les hivers très neigeux de Russie ; les rennes, en Scandinavie.

Les récifs de coraux acérés, les côtes rocheuses et les violents courants marins rendaient dangereux l'accostage des petites îles dépourvues d'un port adéquat. Diverses solutions furent envisagées pour acheminer le courrier entre les navires et le rivage : tonneaux, boîtes de biscuits, boîtes de conserve ou bouteilles flottant sur l'eau.

Toutes ces étranges méthodes montrent l'importance du courrier : il doit être acheminé quelles que soient les difficultés et quelles que soient les circonstances. Même en temps de guerre, le courrier doit parvenir à destination.

△ Le courrier par boîte de fer blanc débuta à Tonga en 1882 après qu'un requin eut tué un des nageurs chargés d'aller chercher le courrier au bateau. Le courrier, mis dans des boîtes scellées, était alors apporté par pirogue. On peut le voir sur ce timbre émis pour le centenaire du service.

△ Ce timbre français montre un bureau de poste sur un champ de bataille boueux et dangereux, durant la Première Guerre mondiale. C'était une poste de campagne pour le courrier des soldats. L'agent postal passe la tête à la fenêtre de la minuscule baraque. L'écriteau indique qu'il est présent les mardis et vendredis. La boîte aux lettres est au-dessous de lui.

◁ Il était imprudent pour les voiliers de trop s'approcher d'îles du Pacifique comme les Samoa, Tonga ou les Salomon. Mais des embarcations à fond plat, comme celle illustrant ce timbre des Samoa, pouvaient y naviguer sans danger.

△ Ce timbre italien pour courrier par pneumatique date de 1924. Il s'inspire d'un timbre d'usage courant à l'effigie du roi Victor-Emmanuel III, mais il est plus grand afin de porter la mention « Posta pneumatica ». Sa valeur originale, 15 centesimi, a été portée à 20 centesimi par une surcharge.

△ En 1870, on essaya de faire parvenir du courrier dans Paris assiégé, à l'intérieur de sphères de zinc étanches immergées dans la Seine, les « boules de Moulins ». Elles devaient leur nom au fait que les lettres étaient centralisées à Moulins (Allier). Immergées en amont de la capitale, elles devaient être récupérées par un filet tendu en travers de la Seine. Aucune « boule de Moulins » n'arriva à Paris. En revanche, on en a retrouvé quelques dizaines plusieurs mois après et jusqu'en 1982.

▽ Sur cette gravure allemande, le facteur propose des services très étendus : il vend des cartes postales et des timbres à la terrasse d'un café. Les gens écrivent et mettent leurs cartes postales dans la boîte que le facteur porte sur son dos.

▽ L'engin très particulier de ce facteur avait cinq roues pour être plus stable qu'une simple bicyclette et porter de lourds sacs de courrier.

▽ Les pigeons ont un merveilleux sens de l'orientation. Même loin de chez eux, ils retrouvent leur chemin. Cela les rend précieux pour le transport du courrier ou des messages. Des postes par pigeons fonctionnaient déjà aux Pays-Bas en 1575. Ici, des pigeons de l'armée française prenant leur envol.

LES TIMBRES S'EN VONT EN GUERRE

Les timbres et les lettres peuvent mener une vie dangereuse. Ils ont participé à des révolutions, des invasions et des guerres et, après les combats, ils ont pu servir à commémorer ces événements. Beaucoup de timbres de France et d'U.R.S.S., par exemple, rappellent les batailles, les sièges et autres terribles événements qu'elles ont subis durant la Seconde Guerre mondiale.

Des timbres ont même alimenté un conflit quand deux voisins d'Amérique du Sud, la Bolivie et le Paraguay, qui revendiquaient la région du Gran Chaco, émirent chacun un timbre montrant une carte sur laquelle cette région leur appartenait !

Les révolutionnaires qui renversent leur gouvernement émettent leurs propres timbres. C'est ce que firent les révolutionnaires mexicains en 1914, les révolutionnaires russes après 1917 et, plus récemment, ceux qui ont renversé le chah d'Iran en 1979.

Les pays en guerre émettent souvent des timbres spéciaux à l'usage des territoires qu'ils occupent. Voici pourquoi, durant la Première Guerre mondiale, des timbres allemands ont été surchargés du nom de la Bulgarie et de la Roumanie alors occupées par l'Allemagne.

En temps de guerre, le courrier est habituellement censuré, c'est-à-dire ouvert par des fonctionnaires qui vérifient que l'expéditeur ne révèle aucun secret. L'ennemi ne doit pas savoir, par exemple, où se trouve un régiment. Le censeur efface ou coupe toute indiscrétion à ce sujet qui pourrait être contenue dans la lettre, qui est ensuite réacheminée après avoir reçu une marque prouvant qu'elle a été censurée.

Les combats cessent, les timbres et lettres censurées témoignent.

▷ Les États-Unis entrèrent en guerre contre l'Allemagne en 1917 après qu'un sous-marin allemand eut coulé un paquebot anglais, le *Lusitania,* à bord duquel se trouvaient des passagers américains. (Ici, un timbre de l'île de Man.)

△ Durant la Seconde Guerre mondiale, presque toute l'Europe fut envahie par l'Allemagne nazie. En 1940, le roi de Norvège et son gouvernement fuirent en Grande-Bretagne d'où ils émirent leurs timbres « d'exilé ». Celui-ci représente une route portant les inscriptions « Nous vaincrons ».

▷ Ce timbre polonais montre le sous-marin *Orzel* qui, pour échapper à l'invasion nazie, gagna l'Angleterre. Le timbre fait partie d'une série consacrée, en 1970, aux navires polonais qui, comme le *Orzel,* prirent part à la Seconde Guerre mondiale.

◁ Ceci n'est pas un timbre mais un bel exemple de vignette ayant l'apparence d'un timbre. Elle a été émise par la France durant la Première Guerre mondiale (1914-1918) dans un but de propagande patriotique. Les gens pouvaient la coller sur les lettres à côté des timbres.

1

2

▷ Toute guerre cause des victimes. Le timbre anglais de 1987 (**1**) montre une infirmière secourant un blessé après un bombardement lors de la Seconde Guerre mondiale. Sur le timbre autrichien de 1946 (**2**), un prisonnier de guerre. La taxe supplémentaire (« +2 ») indique que, sur chaque timbre vendu, deux groschen reviennent au secours pour les prisonniers.

▽ En 1940, l'Allemagne a envahi la France. Le général de Gaulle, chef des Forces françaises libres, exilé en Angleterre, encouragea les Français à ne pas cesser le combat. La France fut libérée en 1944. Ce timbre célèbre le 20ᵉ anniversaire de cet événement en reproduisant le fameux appel lancé par de Gaulle en 1940.

△ Dans ce bloc américain de 1973, chaque timbre a sa propre illustration. Mais le bloc tout entier représente une scène complète : « La partie de thé de Boston », un incident qui déclencha la guerre d'Indépendance américaine contre la domination britannique. En 1773, des colons américains, déguisés en Indiens, montèrent à bord des navires anglais ancrés dans le port de Boston. Ils jetèrent les cargaisons de thé par-dessus bord pour protester contre la taxe sur le thé que leur faisaient payer les Britanniques.

LES TIMBRES À MESSAGES

△ Ce timbre danois donne le nom de la Croix-Rouge dans 31 langues. Dans les pays musulmans, cette organisation internationale, créée en 1863, se nomme le Croissant-Rouge et, avant 1979, le lion était le symbole de la Croix-Rouge en Iran.

Les timbres peuvent véhiculer d'importants messages. Une croix rouge symbolise la Croix-Rouge. La France émet régulièrement des timbres à son profit. Ils portent deux valeurs : une pour l'affranchissement, une pour financer la Croix-Rouge. Les timbres de Nouvelle-Zélande pour la santé portent également une valeur supplémentaire destinée à des colonies sanitaires pour enfants.

Certains timbres relatent des désastres ou alertent si rien n'est fait pour les empêcher. Voici quelques années, on s'est inquiété du sort de Venise, qui menaçait de s'enfoncer irrémédiablement ; des timbres ont été émis pour aider au sauvetage de la cité. En 1961, un tremblement de terre força à s'enfuir les habitants de Tristan da Cunha, une île de l'Atlantique. Quand ils y retournèrent deux ans plus tard, l'île émit des timbres pour aider à sa reconstruction.

La politique détermine la gestion d'un pays et son attitude envers les autres pays. Des timbres de propagande sont quelquefois émis pour faire passer un message politique. En 1943, par exemple, des dirigeants anglais, russes et américains se réunirent à Téhéran, en Iran, pour trouver le moyen de gagner la guerre contre l'Allemagne : des timbres allemands tentèrent alors de faire croire aux Anglais que cette rencontre avait été une grave erreur.

2

3

1

▷ Il est triste que tant de gens soient tués ou blessés dans des accidents de la route. Ces timbres encouragent la protection routière. L'émission ouest-allemande (**1**) met en garde contre l'alcool au volant ; le timbre hollandais (**2**) incite à faire attention aux enfants qui traversent ; le timbre italien (**3**) montre ce qui résulte d'une mauvaise conduite.

▷ Ces jolis timbres « se-tenant », qui célèbrent Noël, proviennent de l'île Christmas, qui doit son nom à sa découverte par l'explorateur anglais James Cook le jour de Noël (*Christmas*, en anglais) 1771. Il existe d'autres timbres porteurs de souhaits, comme ceux émis en Irlande et aux États-Unis pour la Saint-Valentin.

▽ Les Pays-Bas ont émis ce timbre dans leur série consacrée en 1980 à la protection de l'enfance.

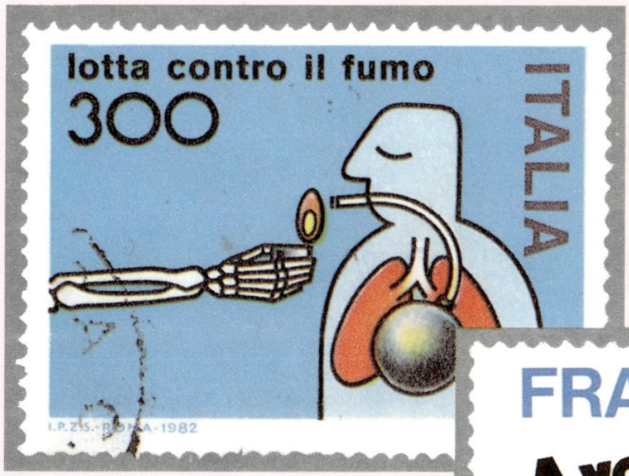

▷ Comme bien d'autres pays, la France et l'Italie ont émis des timbres contre les méfaits du tabac. Certains de ces timbres sont effrayants, car ils montrent des squelettes et des têtes de morts.

◁ Le crime est partout un problème. Il n'y a malheureusement pas assez de policiers pour arrêter tous les criminels. Ce timbre américain encourage les citoyens à aider la police en ayant l'œil sur ceux qui pourraient violer la loi.

▷ Ces timbres montrent comment Hitler essaya de convaincre les Britanniques de ne pas s'allier aux Russes contre l'Allemagne durant la Seconde Guerre mondiale. En haut, l'original montrant le roi George VI et la reine Élisabeth pour leur couronnement en 1937. En bas, un faux timbre de propagande dans lequel Staline remplace Élisabeth. Hitler voulait ainsi persuader les Anglais qu'ils seraient gouvernés par Staline s'ils aidaient celui-ci à vaincre l'Allemagne.

◁ Nuancier. Toutes les couleurs possibles sont représentées et nommées.

▽ Rouleau d'un filigranoscope

◁ Loupe pliante. Elle se glisse facilement dans une poche, sans rayer la lentille.

▷ Modèle courant de loupe

▽ Des pinces pointues peuvent abîmer les timbres. Pour éviter ce risque, elles doivent avoir des bouts arrondis.

Odontomètre

△ Loupe sur pied, appelée « compte-fils ». Elle vous laisse les mains libres.

LES OUTILS DU COLLECTIONNEUR

Vous devez prendre soin de vos timbres. Vous pouvez vouloir connaître la nuance exacte d'un timbre ou la taille de ses perforations. Vous pouvez même vouloir identifier le filigrane caché dans le papier. Pour tout cela, il vous faut des outils.

Un catalogue peut répertorier deux nuances pour un même timbre. « Rouge-orange » n'est pas la même chose que « orange-rouge ». Dans un cas, le timbre est plus rouge ; dans l'autre, il est davantage orange. Leur valeur peut être très différente. Pour déterminer l'exacte nuance d'un timbre, il faut le comparer aux couleurs d'un *nuancier.*

Les perforations sont des trous pratiqués sur le bord des timbres afin qu'on puisse les détacher de la feuille sans les abîmer. Certaines perforations sont plus espacées que d'autres, et un même timbre peut avoir été émis avec des perforations différentes. On mesure la dentelure d'un timbre grâce à un *odontomètre.*

Certains timbres ont un filigrane, des motifs intégrés au papier et non imprimés. À l'endroit du filigrane, le papier est légèrement plus fin. Vous pouvez le voir par transparence. Mais, souvent, le dessin du timbre masque le filigrane. Il faut alors retourner le timbre face contre du papier noir pour faire apparaître le filigrane au dos. Si ce n'est pas suffisant, un simple *filigranoscope* sera utile.

Pour voir les moindres détails d'un timbre, une loupe s'avère nécessaire. Parmi les différents modèles existants, vous trouverez celui qui vous conviendra le mieux.

L'outil le plus important est la pince destinée à saisir les timbres. La main peut laisser des traces grasses ou endommager les fragiles dents. Vous pouvez même altérer la gomme d'un timbre neuf, car il y a toujours un peu d'humidité sur vos doigts, même si vous ne transpirez pas. Et l'humidité est l'ennemi mortel de la gomme !

Filigranoscope

△ Ce filigranoscope comporte un petit réservoir en plastique rempli d'un liquide spécial. À l'aide du rouleau, on passe un peu de liquide sur le dos du timbre. Comme par magie, le dessin du filigrane apparaît.

△ Ce timbre, émis en 1964 pour le 25e anniversaire de la Journée du timbre du Danemark, montre des variétés de perforations et des filigranes.

◁ Les perforations se mesurent au nombre de trous compris dans deux centimètres. Il existe plusieurs types d'odontomètres, tous selon le même principe. Ici, toutes les perforations sont figurées sous forme de points noirs sur du plastique transparent. On fait glisser le timbre jusqu'à ce que les perforations coïncident parfaitement avec une rangée de points. Ce timbre est « dentelé 15 », car il possède 15 dents sur 2 cm.

COMMENT MONTER DES TIMBRES

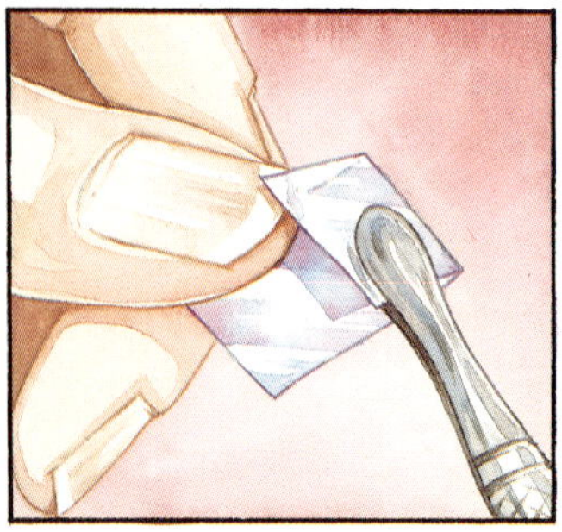

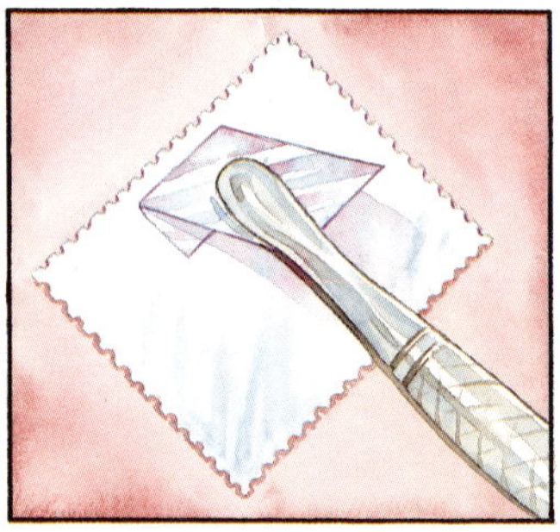

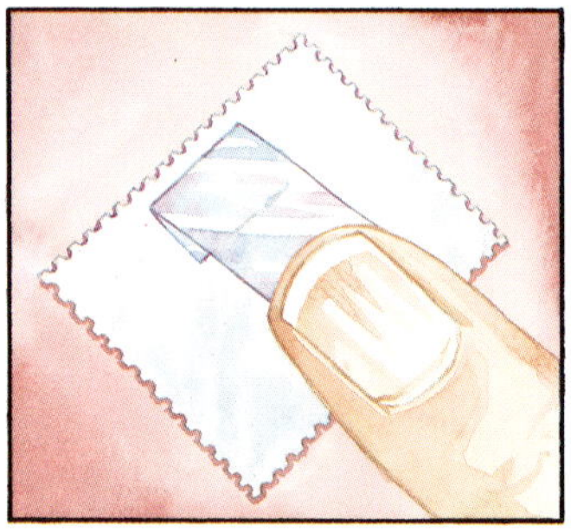

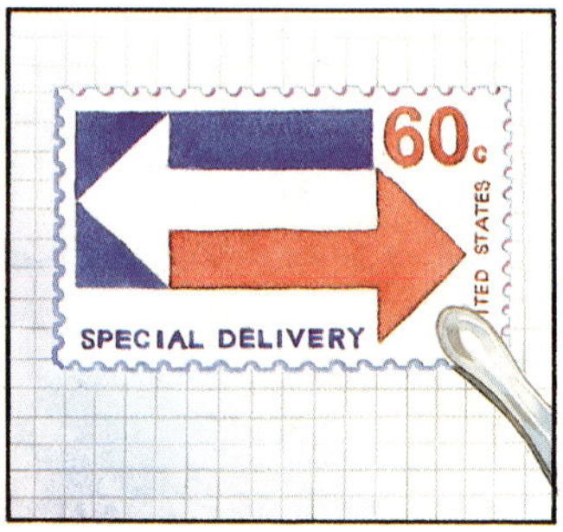

1 Avant de monter un timbre, déterminez avec précision son emplacement. La charnière doit être pliée au tiers de sa longueur de façon à obtenir un petit et un grand côté.

2 Humectez le petit côté de la charnière. Fixez-le au dos du timbre le plus en haut possible mais sans que la charnière apparaisse lorsque le timbre est à l'endroit.

3 Maintenant, humectez uniquement le bas du grand côté de la charnière, mais pas trop, sinon l'humidité risque de coller le timbre sur la page. Utilisez des pinces pour plus de sécurité.

4 Positionnez le timbre avec soin. Repérez son emplacement, sinon il faudra attendre 10 minutes que la charnière sèche pour être retirée sans dommage. Une charnière humide arracherait le timbre.

5 Pour les timbres triangulaires, une charnière au milieu de la base ou sur deux côtés. Pour les petits timbres, couper la charnière en deux. Pour des paires ou des bandes, une charnière par timbre et une par coin pour les blocs.

6 Les pochettes transparentes permettent de monter les timbres neufs sans endommager leur gomme avec une charnière. Il suffit de coller la pochette sur la page, puis de glisser le timbre à l'intérieur.

6

PRENDRE SOIN DES TIMBRES

◁ Voici différentes sortes d'albums. Les reliures à vis (**1**), à pinces (**2**) et à anneaux (**3**) permettent d'ajouter des pages à mesure que la collection se développe. D'autres albums ressemblent à des livres ; celui-ci reproduit les timbres et ménage des emplacements à leurs dimensions exactes (**4**). Lorsqu'ils sont pleins il faut un nouvel album. Autre inconvénient de ce type d'album : il n'y a pas de place pour monter des enveloppes à l'aide de coins photo (utilisés normalement dans les albums photo). Si vous collectionnez beaucoup d'enveloppes « premier jour », utilisez un album avec des étuis en plastique (**5**). En plus des charnières (**6**), il vous faut des pochettes transparentes (**7**) pour monter les timbres neufs.

Les timbres sont des morceaux de papier. Le papier se déchire facilement et se salit. Si vous souhaitez que vos timbres aient belle allure, manipulez-les avec soin et ménagez-les.

Travaillez sur une table propre et sèche, sans nourriture ni boisson qui pourraient abîmer vos timbres.

Il vous faut un album pour disposer et protéger vos timbres. Vous trouverez le modèle qui vous convient parmi tous ceux qui existent. Un classeur de stock (voir page 48) est utile, car, au lieu de fixer les timbres sur des pages, vous les glissez sous de longues bandes transparentes. C'est une manière d'accumuler proprement des timbres avant de les mettre en ordre. Mais attention en glissant un timbre sous une bande de ne pas endommager ses dents. Il est, par ailleurs, prudent de déplacer les timbres neufs de temps en temps, car, à la longue, la gomme peut adhérer sur la page.

Conservez toujours vos albums et vos classeurs dans un endroit sec. L'humidité peut faire apparaître des « taches de rousseur » qu'il sera impossible de faire disparaître. Il est préférable de ne fixer vos timbres que sur un seul côté des pages d'albums. Les timbres placés face à face s'accrochent et s'abîment facilement. Certains albums ont une fine feuille transparente entre chaque page pour éviter ce problème.

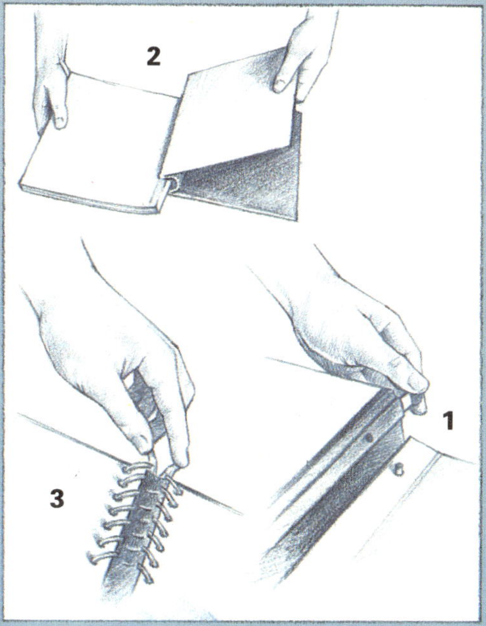

◁ Quand vous ajoutez une page dans une reliure à vis (**1**), vous devez retirer toutes les pages précédentes. Ce type d'album n'est pas le plus pratique, mais il maintient parfaitement les pages. Les reliures à pinces (**2**) sont bon marché mais ne s'ouvrent pas à plat. Aussi faut-il retirer une page pour y ajouter un timbre et toutes les pages pour en insérer une nouvelle. Les reliures à anneaux (**3**) permettent d'ajouter des pages sans retirer les autres. Les perforations des pages doivent être renforcées avec des œillets pour ne pas se déchirer. Les reliures à anneaux multiples peuvent posséder 20 anneaux, ce qui limite les risques de déchirure.

◁ Le collectionneur qui a conçu cette page de timbres du Laos n'a mis, judicieusement, ni trop de timbres ni trop de textes explicatifs. Les timbres sont soigneusement disposés autour du centre de la page – nous avons ajouté un faible trait pour clairement l'indiquer. Le collectionneur a volontairement laissé un espace pour un timbre manquant.

▽ Il existe toujours différentes façons agréables d'arranger les mêmes timbres sur une page d'album. Une de ces pages de timbres russes a été délibérément disposée de façon à montrer ce qu'il ne faut pas faire : devinez laquelle...

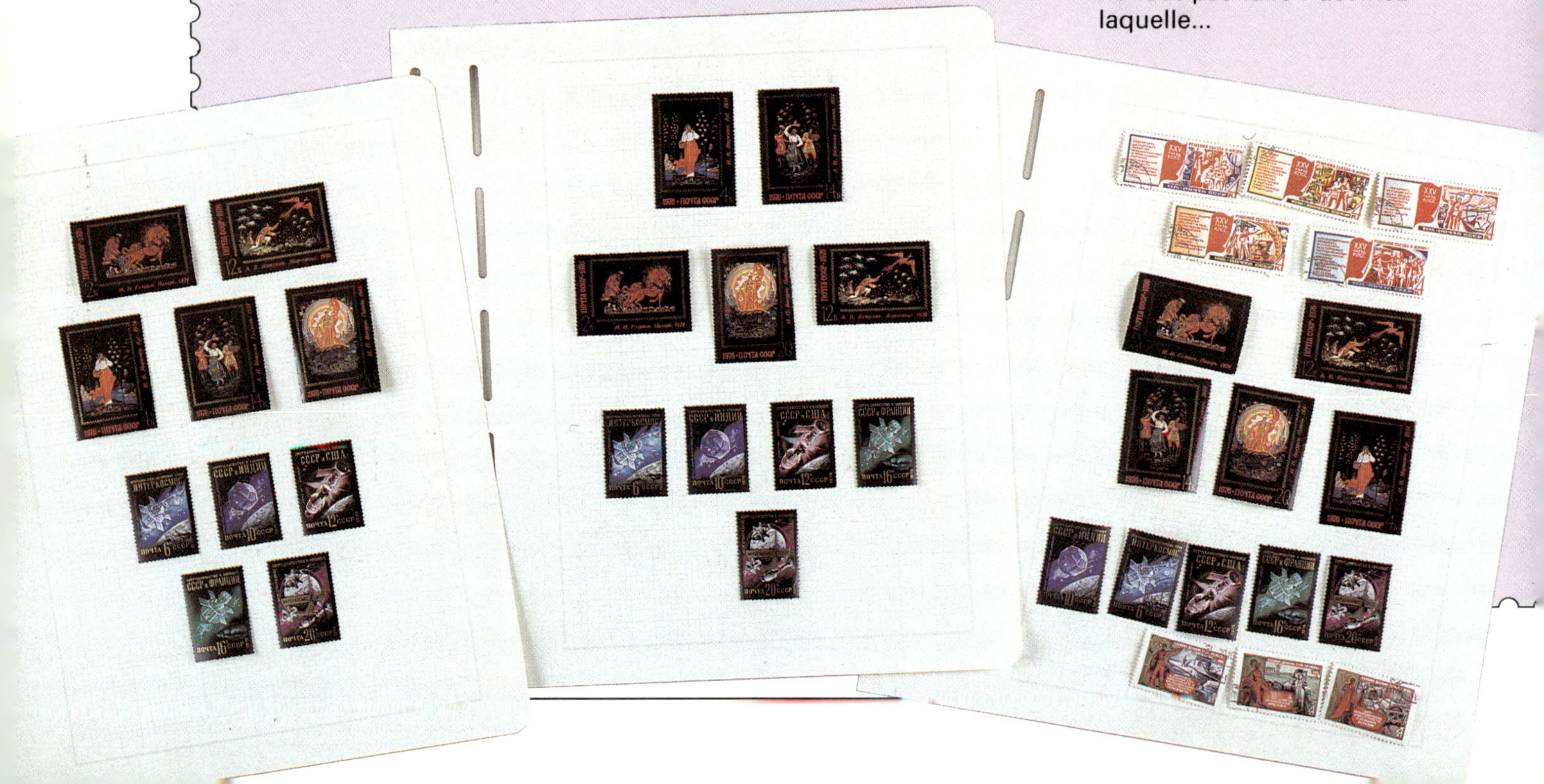

COMMENT PRÉSENTER VOTRE COLLECTION

△ Les pochoirs ne coûtent pas cher et offrent plusieurs tailles de caractères : des petits pour les légendes disposées sous les timbres, des grands pour les titres.
Le pochoir coulisse sur un support, ce qui permet d'écrire parfaitement droit.

▷ Voici plusieurs façons de légender une collection. Un pochoir et un stylo spécial donnent des résultats très propres (**1**), bien que cela nécessite du temps et beaucoup de minutie. Certains préfèrent tracer des caractères d'imprimerie à la main (**2**). Vous pouvez faire de jolis textes à la plume calligraphique si vous savez vous en servir (**3**). Les lettres-transferts, peu onéreuses, sont idéales pour titrer les pages (**4**). Les textes dactylographiés font un effet très professionnel, mais il est difficile de les disposer avec exactitude. À vous de choisir la méthode que vous aimez et que vous maîtrisez le mieux.

Votre collection est une chose personnelle ; elle doit vous satisfaire. Elle vous plaira d'autant plus si les timbres sont correctement et agréablement présentés. Votre page d'album vous y aidera si vous achetez des pages très légèrement quadrillées. Il vous sera alors facile de déterminer son centre et d'arranger proprement les timbres autour.

Essayez différentes dispositions avant de fixer les timbres, et sans vouloir trop en mettre. Quand vous aurez trouvé celle qui vous plaît, marquez très légèrement l'emplacement de chaque timbre à l'aide d'un crayon.

Essayez de disposer les timbres en suivant leur ordre de parution, puis en commençant par la plus petite valeur pour finir par la plus élevée. N'insistez pas si cela enlaidit la page : l'aspect de la page est plus important que l'ordre des timbres.

Un catalogue vous aidera à rédiger, à côté des timbres, des informations, telles que le type de perforation ou la date d'émission. N'en écrivez pas trop, sinon vous aurez plus de texte que de timbres ! Faites d'abord un brouillon pour prévoir la surface à garder sur la page. Pour éviter les accidents, écrivez avant de fixer les timbres.

Arranger les timbres demande temps et patience, mais cela vaut la peine si vous voulez être fier de votre collection et en retirer des heures de plaisir.

1 Légende au pochoir

2 Légende en caractères d'imprimerie

3 À la plume calligraphique

4 Lettres-transferts

△ Quand le vaisseau spatial américain Apollo s'amarra au vaisseau soviétique Soyouz, en 1975, ce fut un événement sensationnel, car il montrait que les deux grands pays rivaux pouvaient coopérer. Mais il y eut aussi un lien philatélique : les deux pays émirent chacun une paire de timbres utilisant la même image de leurs engins survolant la terre.

△ Chaque printemps, des pays européens émettent une série conjointe de timbres Europa. En 1986, le thème était « la conservation de la nature ». Voici comment la France et la Grande-Bretagne ont illustré le sujet : la France avec une chauve-souris, la Grande-Bretagne avec un crapaud menacé d'extinction.

▽ Les pays du Commonwealth se sont réunis en 1983 dans une série conjointe pour le « Jour du Commonwealth », le 14 mars. L'émission de Singapour a inscrit le nom de tous ces pays, en spirale autour du logo (symbole) du Commonwealth.

LES ÉMISSIONS GROUPÉES

1

4

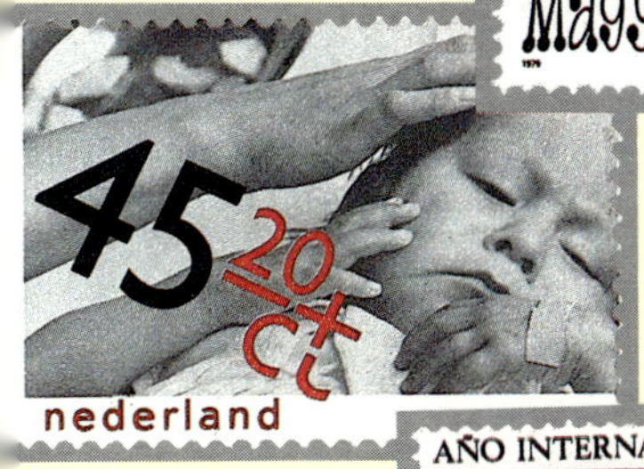

3

2

△ Bien des pays ont émis des timbres pour commémorer l'Année internationale de l'enfant en 1979. Naturellement, l'enfant ou des sujets en rapport avec lui ont été largement illustrés. Un des timbres britanniques montrait une scène de *Alice au pays des merveilles* (**1**) ; l'Espagne choisit un dessin d'enfant (**2**), alors que les Pays-Bas pensaient aux enfants malheureux (**3**) ; le timbre hongrois, lui, illustre une scène d'un conte pour enfants, *Jean le brave et les dragons* (**4**).

Les sujets des timbres sont choisis afin de mettre en valeur des aspects du pays émetteur. Certains sujets, cependant, intéressent et concernent le monde entier. Parfois, plusieurs pays s'associent pour émettre des timbres ou des séries de timbres sur un même sujet. Chaque pays conserve sa propre monnaie, mais les timbres possèdent des illustrations similaires. Ces timbres, dits « groupés », sont souvent émis en même temps.

L'aviation, par exemple, est partout importante : le 75e anniversaire du premier vol des frères Wright a été marqué par des timbres émis dans le monde entier. La malaria est une terrible maladie qui sévit dans les pays chauds : l'éradication de la malaria fit l'objet d'émissions conjointes en 1962 pour aider à combattre le mal. Presque tous les pays participent aux jeux Olympiques, tous les quatre ans. Cet événement amène toujours des centaines d'émissions groupées sur le sport.

Les timbres Europa sont émis chaque année par un ensemble de pays européens. Ce sont généralement des émissions groupées, mais pas toujours. En 1968, par exemple, la plupart des pays ont illustré la vie sauvage, alors que la R.F.A. avait choisi la sculpture.

Les collectionneurs de thématiques aiment les émissions groupées, car cela signifie beaucoup de timbres en même temps sur un même thème. Certaines de ces émissions comportent des feuillets, des carnets et, bien sûr, des enveloppes « premier jour ».

◁ Les jeux Olympiques sont le plus grand événement sportif du monde. Presque tous les pays qui envoient des athlètes émettent des timbres. Ces deux timbres de Belgique et des États-Unis font partie de la série conjointe des jeux Olympiques de 1984.

ERREURS ET VARIÉTÉS

Lorsqu'un objet qu'on vient d'acheter présente un défaut de fabrication, on le rapporte généralement au vendeur. Les collectionneurs, eux, sont ravis de trouver des erreurs sur des timbres, car cela leur donne de la valeur. Une condition : que l'erreur se soit produite pendant l'impression, comme pour ces timbres américains de 1901 dont quelques exemplaires ont été imprimés avec leur centre renversé (la tête en bas).

Il existe aussi des erreurs dans le dessin des timbres, mais elles n'augmentent généralement pas la valeur puisqu'elles se retrouvent sur tous les exemplaires. En 1956, l'Allemagne de l'Est voulut marquer le centenaire de la mort du compositeur Robert Schumann. Les timbres le représentaient ainsi qu'une partition de sa musique. Malheureusement, la partition reproduite sur les milliers de timbres appartenait à ... Franz Schubert, un autre compositeur !

Les erreurs d'impression sont souvent appelées « variétés » ou, pour les plus petites, « anomalies ». Elles se produisent lorsque l'impression ne se déroule pas normalement. Si une particule métallique ou un corps étranger dur ou pointu viennent rayer la plaque d'impression, un sillon ou un trou apparaissent à l'impression. Une série de timbres maltais de 1935 montrait un château ; quelques timbres furent imprimés avec une ligne supplémentaire sur l'une des tours comme s'il s'agissait d'un mât de drapeau. Un timbre comportant cette variété vaut quarante fois plus qu'un exemplaire normal. D'autres variétés peuvent consister en une erreur de filigrane ou de couleur.

△ En 1962, les États-Unis ont rendu hommage à Dag Hammarskjöld, le secrétaire général des Nations unies mort l'année précédente. Mais, sur quelques timbres, comme celui du bas, le fond jaune a été imprimé à l'envers. Quand la poste américaine s'en aperçut, elle réimprima des milliers de timbres avec l'erreur, afin que ces timbres ne deviennent pas rares et pour éviter ainsi qu'ils ne soient revendus très cher aux collectionneurs.

▷ La surcharge de ce timbre finlandais est en retard d'un siècle. Le vol du zeppelin qu'elle commémore a eu lieu en 1930. La date 1830 imprimée par erreur est même antérieure de huit ans à la naissance de l'inventeur de ce dirigeable, le comte von Zeppelin !

▷ Parfois, il manque une couleur lors de l'impression et cela donne d'étranges résultats. Sur ces timbres d'usage courant des Bermudes de 1962, celui du haut est normal, alors qu'il manque la couleur lilas sur celui du bas. Le timbre avec la couleur oubliée vaut au moins trente fois le prix du timbre normal.

◁ Quelque chose est allé de travers lorsque ce bloc de timbres à 4 pence à l'effigie du roi George VI a été perforé. Certains côtés des timbres ont été dentelés et d'autres non. Le bloc est alors dit « partiellement dentelé ».

▽ Ce timbre de Saint-Christophe et Nevis, une colonie britannique des Caraïbes, émis en 1920, comporte une erreur : Christophe Colomb, le navigateur qui découvrit l'Amérique en 1492, est représenté tenant une longue-vue, instrument inventé en... 1608 ! L'erreur peut provenir du dessinateur mais aussi des responsables qui ont peut-être demandé à l'artiste de reproduire une longue-vue.

LA BEAUTÉ DES TIMBRES

On dit souvent des timbres qu'ils sont des œuvres d'art miniatures. Il faut en effet beaucoup de talent pour faire un timbre. Pour commencer, celui-ci doit être dessiné. Ensuite, on en fait une photo ou une reproduction peinte. Les timbres gravés font appel à des graveurs très talentueux qui reproduisent en creux le dessin sur des plaques de métal. Les couleurs doivent être choisies avec soin pour mettre le timbre en valeur. Enfin, le timbre va chez l'imprimeur, qui peut améliorer ou gâcher le dessin.

Mais, même si chaque étape a été réalisée avec soin, les avis différeront sur ce qui est beau dans un timbre et ce qui ne l'est pas, de la même façon que certains aiment la majesté des hautes montagnes alors que d'autres préfèrent des prairies plates couvertes d'arbres. Certains collectionneurs aiment la beauté simple et les couleurs discrètes des timbres de Suède, d'autres adorent les timbres espagnols récents pour leurs couleurs brillantes. De grands fonds blancs mettent en valeur un dessin, et les collectionneurs pensent souvent que cela ajoute à la beauté du timbre.

Pour certains, le plus beau timbre est le premier de tous, le Penny Black. D'autres préfèrent les timbres suivants, avec leurs cadres très décorés. Mais tous s'accordent pour dire que la France a émis beaucoup de jolis timbres gravés.

Vous aurez, vous aussi, vos préférences. Elles seront différentes de celles de vos amis. Peu importe. Une seule chose compte : collectionner ce qui vous plaît.

▷ Ces timbres ont été émis en 1985 pour l'Année européenne de la musique. Si leur thème est identique, leurs dessins sont complètement différents. Lequel préférez-vous ? Le danois, audacieux, montre de simples notes (**1**) ; le français (**2**) représente un moine, Adam de la Halle, composant de la musique il y a 700 ans ; le belge (**3**) montre des personnages découpés dans des partitions et l'anglais évoque la *Suite de la planète*, de Gustav Holst.

▷ Ce timbre provient d'une série de 23 timbres, émise par l'Autriche en 1945. Comme on peut le voir aux lignes fines du dessin, il est gravé. La gravure, qui est un travail très minutieux, produit un dessin clair et net, très apprécié des collectionneurs. Le timbre possède également un très bel encadrement sur trois côtés.

◁ Les timbres modernes n'ont pas tous de brillantes couleurs. Ce timbre de 1985 montre combien un timbre noir et blanc peut être beau. Il provient d'une série sur l'Année du cinéma britannique et représente l'acteur et comédien Peter Sellers.

▷ Jules Verne a écrit de passionnants livres d'aventure et de science-fiction. Ce timbre de Monaco résume le thème de l'un d'eux. Les lignes tourbillonnantes suggèrent l'excitation que l'on ressent lorsqu'on est entraîné dans une grande aventure.

◁ Les tableaux peuvent faire de beaux timbres. La France a commencé une série artistique depuis 1961. Ce timbre de 1969 reproduit *le Cirque*, un tableau du peintre Georges Seurat. Il provient d'un coin de feuille et porte, dans la marge, une oblitération spéciale « premier jour ».

◁ Le cachet à date rond apposé sur ce timbre suédois est très simple. Il indique uniquement la ville où le pli a été posté et la date de l'envoi. Ce type d'oblitération est très prisé des collectionneurs, car très net, très propre et facile à lire.

△ L'oblitération ovale formée de barres et d'un numéro a été très utilisée aux États-Unis pendant près de cinquante ans. Ce timbre vient de la zone du canal de Panamá, contrôlée par les États-Unis à partir de 1903 et qui a émis ses propres timbres jusqu'en 1979.

1

2

◁ Cette oblitération-slogan de Suisse (**1**) reproduit le panda, symbole du Fonds mondial pour la vie sauvage (WWF). La France, la Grande-Bretagne et bien d'autres pays utilisent de telles oblitérations à message. Elles constituent un moyen attrayant d'informer le public. L'oblitération « premier jour » du timbre portugais de 1977 (**2**) reproduit le portrait du personnage que l'on honore.

▽ Les lignes ondulées sont utilisées depuis longtemps comme oblitérations. Elles portent également un cachet circulaire comme le montre cette oblitération suédoise. Les lignes ondulées ont le même rôle que les barres : elles empêchent que les timbres de l'enveloppe ne soient réutilisés.

▽ L'étrange objet reproduit sur ce timbre italien de 1976 est l'une des premières machines à oblitérer. Comme les modèles modernes d'aujourd'hui, elle faisait gagner du temps lorsqu'il y avait beaucoup de lettres à oblitérer. Pouvez-vous imaginer comment elle fonctionnait ?

LES OBLITÉRATIONS

Les oblitérations ont pour but d'annuler les timbres et de montrer qu'ils ont déjà servi. Ce, bien sûr, pour empêcher leur réemploi et la fraude aux dépens de la poste.

Les oblitérations sont généralement rondes. Certaines néanmoins sont ovales, rectangulaires, etc. Elles peuvent être très noires et très lourdes. Des pays comme les États-Unis et le Japon utilisent de longues barres parallèles.

Les oblitérations les plus nettes sont obtenues avec des cachets en acier. Elles sont apposées à la machine ou à la main. Une oblitération ronde très maculée provient souvent d'un cachet à main en caoutchouc. Celui-ci, en effet, a tendance à déraper sur les enveloppes.

Certaines oblitérations portent un nom. L'une d'elles, la flamme publicitaire, porte un message en plus de l'oblitération. Le « killer » (« tueur ») est une oblitération très épaisse destinée à recouvrir le plus possible le timbre. Il y a aussi des oblitérations ovales constituées de larges barres parallèles.

La majorité des oblitérations sont noires. Toutefois, la croix de Malte utilisée pour le premier timbre britannique se trouve également en rouge, en bleu et même en jaune. En octobre 1935, la Tchécoslovaquie utilisa des oblitérations rouges et des oblitérations bleues en souvenir de son indépendance. Il existe même des oblitérations en trois couleurs, comme celles utilisées à l'exposition philatélique Philympia de Londres en 1970.

△ Avec de telles oblitérations, aucun doute que ces timbres japonais ont bien servi. Les États-Unis utilisent également ce type de barres, faites à la machine, pour annuler plusieurs timbres d'un seul coup. On les trouve souvent sur les grandes enveloppes avec beaucoup de timbres.

△ Sur ce timbre français « préoblitéré » de 1981, l'oblitération est imprimée en même temps que le dessin. Elle évite, pour les envois en grande quantité (au moins mille lettres envoyées en une fois), une longue séance d'oblitération. Lorsqu'il est neuf, le timbre a toute sa gomme au dos. S'il n'y a plus de gomme, c'est qu'il a été décollé d'une enveloppe après avoir servi.

▽ Cette vignette australienne (**1**) provient d'un distributeur informatisé délivrant des timbres même après la fermeture du bureau de poste. Cette marque de Jersey (**2**), faite avec une machine louée à une entreprise, remplace à la fois le timbre et l'oblitération. Elle porte la date à laquelle elle a été réalisée. La lettre doit être postée le jour même.

1

2

LES TIMBRES QUI N'EN SONT PAS

Tous les timbres ne sont pas des timbres-poste. Certains sont des fantaisies qui ressemblent à des timbres-poste, avec de la gomme au dos et des dents ; mais ils ont été fabriqués dans d'autres buts et ne peuvent pas affranchir le courrier. Peu de catalogues les répertorient ; pendant longtemps les philatélistes ne les ont considérés que comme de vulgaires bouts de papier. Aujourd'hui, cependant, bien des gens s'y intéressent.

Des vignettes ont pour but de commémorer de grandes expositions ou de réunir de l'argent pour des œuvres. À Noël, des pays comme les États-Unis ou le Groenland éditent des vignettes spéciales à coller sur les cartes de Noël à côté des timbres. Il y a aussi des étiquettes pour les lettres recommandées ou par avion et les paquets.

On peut aussi trouver des vignettes « patriotiques » pour encourager les gens à aider leur pays, particulièrement en temps de guerre. Certaines régions utilisent des vignettes pour faire leur publicité, comme la minuscule île anglo-normande d'Herm.

Il existe également des timbres fiscaux servant à payer des taxes sur des marchandises ou des droits à l'État après la signature d'un acte officiel, tel que le certificat prouvant qu'une personne a vendu sa maison à quelqu'un d'autre.

Les vignettes sont généralement faciles à trouver et bon marché. Ce sont des compléments intéressants et séduisants de la collection de timbres.

△ Cette vignette, imprimée pour les jeux Olympiques de 1956 en Australie, présente sur les bords la flamme olympique qui brûle pendant toute la durée des jeux.

△ Des pays impriment aussi bien des vignettes que des timbres de charité. Ces vignettes américaines servaient à réunir de l'argent pour les enfants handicapés. Elles ressemblent à des timbres-poste à quelques détails près. Lesquels ?

[Réponse : Il manque le nom du pays et, surtout, la valeur et le mot « postage », qui signifie « affranchissement », « poste ».]

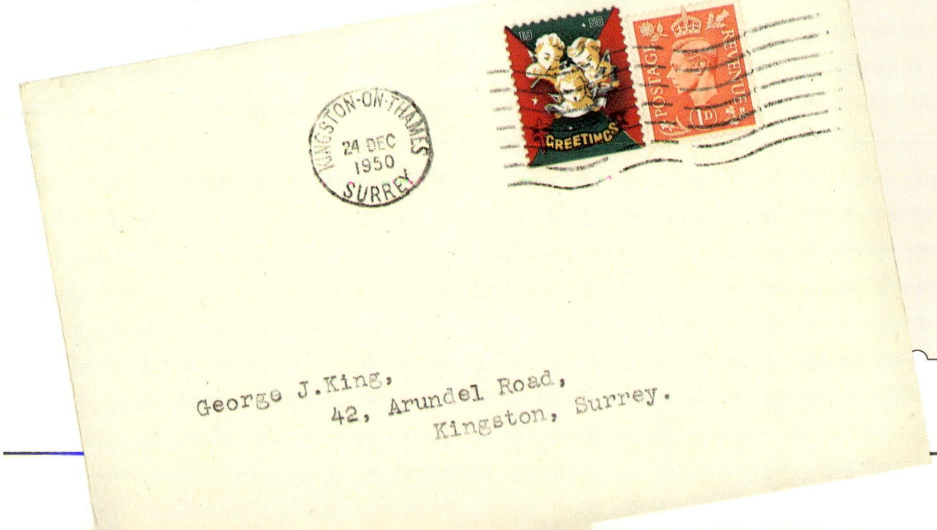

◁ Cette enveloppe a été postée en Angleterre la veille de Noël 1950. En plus du timbre à l'effigie du roi George VI, elle porte une vignette de Noël américaine. Les États-Unis impriment ce type de vignette chaque année. On les trouve à bas prix en feuilles complètes.

△ Voici une vignette écologique. Elle rappelle que la pollution empoisonne l'air que nous respirons et menace notre santé. Le papillon représente la beauté de la nature, elle aussi menacée par la pollution. L'association qui imprime cette vignette aide à protéger l'environnement au Canada.

△ Ces vignettes, très proches de timbres-poste, ont été émises à l'occasion d'une exposition internationale, à Lyon, en 1914. Sur la plus grande, on aperçoit la ville. L'exposition avait pour but de promouvoir l'industrie et l'agriculture de la région. Elle fut malheureusement interrompue en août par la Première Guerre mondiale.

△ Cette vignette a été émise pour une manifestation philatélique organisée à Palerme (Italie) en 1916. Elle porte le symbole et le nom (en italien, bien sûr) de la Croix-Rouge.

▷ La bière est un produit important en Allemagne. Cette amusante vignette vante la bière d'un brasseur berlinois. Elle représente des amoureux savourant une chope de bière.

◁ La Compagnie britannique d'Afrique du Sud (la Zambie et le Zimbabwe actuels) a émis ce timbre de 100 £ en 1901. Il ne servait pas au courrier, car 100 £, cela représentait l'affranchissement de dix mille lettres au tarif habituel ! Cette très forte valeur était un « fiscal » et servait à payer des droits ou des taxes sur des marchandises ou des services.

POUR SITUER LES TIMBRES

Les cartes « philatéliques » des quatre pages suivantes représentent le monde actuel. Elles indiquent tous les pays qui émettent des timbres. Le nom du pays tel qu'il figure sur les timbres est imprimé sur la carte en *LETTRES CAPITALES*. Si le nom du pays couramment utilisé en français est le même que celui qui figure sur le timbre, la carte ne porte qu'un seul nom, par exemple : Canada, Algérie. Si le nom français du pays est légèrement différent du nom imprimé sur le timbre, c'est le nom français le plus courant qui figure sur la carte. Par exemple : Bahrain pour « State of Bahrain » (État du Bahrain). Pour de nombreuses Républiques, dont les timbres peuvent porter, selon la langue, le mot Republic ou Republik, Republica, Republika, Repoblik, etc. (souvent abrégé en Rép. ou R.), le nom imprimé sur le timbre figure en entier sous le nom de pays le plus souvent en français. Par exemple : Côte-d'Ivoire / RÉPUBLIQUE DE CÔTE-D'IVOIRE, ou Madagascar / REPOBLIKA DEMOKRATIKA MALAGASY.

Certains noms de pays sont beaucoup plus difficiles à reconnaître ; nous indiquons alors sous le nom courant du pays celui qui figure le plus souvent sur les timbres. Pour l'Albanie, par exemple, on trouvera RPS E SHQIPERISE. La plupart des pays qui n'utilisent pas l'alphabet latin transcrivent leur nom en alphabet latin, mais ce n'est pas toujours le cas ; nous donnons alors le nom du pays dans les deux alphabets (par exemple, pour l'U.R.S.S.).

Mais la carte du monde évolue nécessairement ; depuis l'émission des premiers timbres, elle a beaucoup changé. Certains pays, qui faisaient partie de grands empires, sont devenus indépendants ; d'autres ont disparu, absorbés par de plus grands pays. D'autres encore ont simplement changé de nom. Il existe ainsi des centaines de pays « philatéliquement morts », mais dont on trouve encore les timbres. Pour vous aider à trouver les timbres anciens dont les pays d'origine ne figurent pas sur les cartes, nous vous donnons la liste de ceux que vous avez le plus de chance de trouver. Le nom du pays est imprimé en *LETTRES CAPITALES* ; à côté, avec une brève description du pays, des dates précisent la période pendant laquelle ce pays a émis des timbres, par exemple : 1936-1972. La première date correspond à la première émission de timbres, la seconde à la nouvelle émission. Par exemple, la Gold Coast (Côte-de-l'Or) a émis ses derniers timbres en 1954. Ce pays est devenu le Ghana en 1957 et il a émis, cette même année, des timbres portant pour la première fois le nom « Ghana ».

EUROPE

BADEN 1) Duché allemand indépendant, 1851-68.
2) Emissions de la zone d'occupation française en Allemagne, 1947-49.
BAYERN (Bavière) État allemand indépendant, 1849-1920.
BÖHMEN UND MAHREN (Bohême et Moravie) Partie de la Tchécoslovaquie pendant l'occupation allemande, 1939-45, l'autre partie étant la Slovaquie. Réunifiées en 1945.
DANZIG Port de la mer Baltique, 1920-39, aujourd'hui polonais sous le nom de Gdansk.
DEUTSCHLAND (Allemagne) Gouvernements militaires britannique et américain d'occupation en Allemagne, 1945-46.
DEUTSCHE DEMOKRATISCHE REPUBLIK Dénomination utilisée sur les timbres d'Allemagne de l'Est de 1950 à 1968, environ.
DEUTSCHE POST (poste allemande) Sur les timbres de :
1) Zones britannique, américaine et soviétique d'occupation en Allemagne, 1946-49. 2) Allemagne de l'Ouest, 1949. 3) Berlin-Ouest, 1949-54. 4) Allemagne de l'Est, 1949.
DEUTSCHES REICH (Empire allemand) Sur les timbres allemands, 1872-1945.
LATVIJA (Lettonie) État balte, 1918-40.
LIETUVA (Lituanie) État balte, 1918-40.
MEMEL Port lituanien, 1920-23. Aujourd'hui appelé Klaipeda.
RHEINLAND PFALZ (Rhénanie-Palatinat) Zone française d'occupation en Allemagne, 1947-49.
SAARLAND (Sarre) État allemand occupé par la France, 1920-35 puis 1947-59 (les timbres de 1947-59 portent le mot SAAR uniquement).
SACHSEN (Saxe) État allemand, 1850-63.
CPENJA (Serbie) Royaume indépendant 1866-1918. Maintenant en Yougoslavie.
SLOVENSKO (Slovaquie) Voir Böhmen und Mahren.
SOWJETISCHE BESATZUNGS ZONE Surcharges de la zone d'occupation soviétique sur timbres « Stadt Berlin » (ville de Berlin) ou « Deutsche Post », 1948.
UKRAINE État indépendant, 1918-23. Maintenant en U.R.S.S.
WURTEMBERG 1) Royaume allemand indépendant, 1851-1920 ;
2) Émissions de la zone française d'occupation en Allemagne, 1947-49.

AFRIQUE

AFRIQUE ÉQUATORIALE FRANÇAISE Colonie française regroupant le Gabon, le Moyen-Congo, l'Oubangi-Chari (devenu la République centrafricaine) et le Tchad, 1935-58. Ces États sont aujourd'hui indépendants et émettent leurs propres timbres.
RÉPUBLIQUE DÉMOCRATIQUE DU CONGO (Congo Kinshasa) 1960-71. Maintenant le Zaïre.
AFRIQUE OCCIDENTALE FRANÇAISE Colonie française composée du Sénégal, de la Guinée française (devenue la Guinée), de la Côte-d'Ivoire, du Dahomey (devenu le Bénin), du Soudan français (devenu le Mali), de la Mauritanie, du Niger et de la

Haute-Volta (devenue le Burkina-Faso), 1944-59. Ces États sont aujourd'hui indépendants et émettent leurs propres timbres.
BASUTOLAND Colonie britannique, 1933-66. Aujourd'hui le Lesotho.
BECHUANALAND Colonie britannique, 1885-1966. Aujourd'hui le Botswana.
BELGISCH CONGO/CONGO BELGE 1909-60. Se nomme aujourd'hui le Zaïre.
BRITISH SOUTH AFRICA COMPANY Voir Rhodesia.
CAPE OF GOOD HOPE (Cap de Bonne-Espérance) Colonie britannique, 1853-1904. Maintenant en Afrique du Sud.
GOLD COAST (Côte-de-l'Or) Colonie britannique, 1875-1954. Aujourd'hui le Ghana.
GUINÉE (Guinée portugaise) Colonie portugaise, 1881-1971. Aujourd'hui Guinée-Bissau.
HAUTE-VOLTA Colonie française, 1920-31 et 1959-84. Indépendante depuis 1960. Devenue le Burkina-Faso en 1984.
KENYA, UGANDA, TANGANYIKA Trois colonies britanniques qui émirent des timbres comme suit : East Africa and Uganda (Afrique orientale et Ouganda), 1903-21 ; Kenya and Uganda, 1922-27 ; Kenya, Uganda, Tanganyiaka, 1935-64 ; Kenya, Uganda, Tanzania, 1965-76. Tanganyika : colonie allemande, 1880-93 ; utilisa les timbres de l'Afrique orientale allemande 1893-1915 ; occupation britannique, 1915-22 ; territoire cédé à la Grande-Bretagne par la Société des Nations, 1922-27 ; République indépendante du Tanganyika, 1961-64 ; s'unit à Zanzibar pour former la Tanzanie, 1964.
MAROC Timbres du Maroc français, 1914-56, et de la zone nord du Maroc indépendant, 1956-57. Aujourd'hui Royaume du Maroc.
MOYEN-CONGO Colonie française, 1907-33. Devenu République du Congo en 1959.
NORTHERN RHODESIA Voir Rhodesia.
NYASALAND Colonie britannique. Émit ses propres timbres, 1891-1950. Aujourd'hui le Malawi. Voir Rhodesia.
RHODESIA (Rhodésie) Colonie britannique d'Afrique. A émis des timbres comme suit : British South Africa Company (Compagnie britannique d'Afrique du Sud) 1892-1922 ; divisée en Rhodésie du Nord, 1925-63, et Rhodésie du Sud, 1924-64 ; unie au Nyasaland, 1954-63 ; la Rhodésie du Nord est devenue la Zambie indépendante en 1964. La Rhodésie du Sud a alors pris le nom de Rhodésie, 1965-78, puis est devenue indépendante sous le nom de Zimbabwe.
RÉPUBLIQUE DÉMOCRATIQUE DU CONGO 1960-71. Devenu le Zaïre.
RHODESIA & NYASALAND Voir Rhodesia.
SOUTHERN RHODESIA Voir Rhodésie.
RUANDA URUNDI Colonie allemande occupée par la Belgique, 1916-60. Aujourd'hui le Rwanda et le Burundi.
SOMALIA Somalie, 1916-70. Aujourd'hui, les timbres portent la mention J.D. Soomaliyeed.
SOMALILAND PROTECTORATE Territoire sous protection britannique, 1903-04. Maintenant en Somalie.
SOUTH AFRICA / SUID AFRIKA (Afrique du Sud) Noms anglais et afrikaans portés par les timbres jusqu'en 1966.
SOUTHWEST AFRICA / SUIDWES AFRIKA (Sud-Ouest africain) Noms anglais et afrikaans portés par les timbres jusqu'en 1967. Aujourd'hui Namibie (indépendante depuis 1990).
TANGANYIKA Voir Kenya, Uganda, Tanganyika.
ZANZIBAR Colonie britannique, 1895-1965.

MOYEN-ORIENT

ABU DHABI Membre des Trucial States, 1967-72, et aujourd'hui des Émirats arabes unis (golfe Persique).
ADEN Colonie britannique, 1937-67, aujourd'hui en République démocratique et populaire du Yémen.
AJMAN Comme Abu Dhabi, 1964-72.
FUJEIRA (Fudjayra) Comme Abu Dhabi, 1964-72.
POSTES PERSANES Inscriptions sur les timbres d'Iran, 1868-1935.
RAS AL KHAIMA Comme Abu Dhabi, 1964-72.
SHARJAH (Chardja) Comme Abu Dhabi, 1963-68.
MANAMA Dépendance d'Ajman, 1966-72.
UAE (Émirats arabes unis)
Union entre Abu Dhabi, Ajman, Dubaï, Fujeira, Ras al Khaima, Sharjah et Umm al Qiwain. Premier timbre émis en 1973.
UMM AL QIWAIN Comme Abu Dhabi, 1964-67.

ASIE

CAMBODGE Colonie française d'Indochine, 1951-71. Aujourd'hui le Kampuchéa.
CEYLON (Ceylan) Colonie britannique, 1857-1972. Indépendant en 1948. Se nomme aujourd'hui Sri Lanka.
ÉTABLISSEMENTS FRANÇAIS DANS L'INDE Colonie française, 1892-1954. Intégrés à l'Inde en 1954.
INDOCHINE Colonie française composée du Viêt-nam (indépendant en 1954), du Laos (indépendant en 1951) et du Cambodge (indépendant en 1954) ; 1889-1947.
JAPAN (Japon) Nom utilisé sur les timbres jusqu'en 1966. On emploie actuellement le mot Nippon.
KAMPUCHEA Voir Cambodge.
ROYAUME DU LAOS Colonie française d'Indochine, 1951-75. Les timbres sont aujourd'hui marqués Postes Lao.
STRAITS SETTLEMENTS Colonie britannique 1867-1941. Aujourd'hui la Malaisie.
MANCHUKUO (Mandchourie) État chinois sous contrôle japonais, 1932-45. Maintenant en République populaire de Chine.
NIPPON Voir Japon.
NORTH BORNEO (Bornéo du Nord) Colonie britannique, 1883-1963. Maintenant État de Sabah, en Malaisie.
SARAWAK Protectorat et colonie britannique, 1869-1963. Maintenant en Malaisie.
SIAM 1883-1939. Aujourd'hui nommé la Thaïlande.
TOUVA Aussi appelé Tannu Tuva ou Mongolie du Nord, 1926-43. Aujourd'hui en U.R.S.S.

AMÉRIQUE

ANTIOQUIA État de la Colombie, 1868-1903.
BRITISH GUIANA (Guyane britannique) Colonie britannique, 1850-1966. Devenu le Guyana.
BRITISH HONDURAS (Honduras britannique) Colonie britannique, 1858-1973. Devenu le Belize.
GUYANE FRANÇAISE Colonie française, 1886-1947. Utilise maintenant les timbres français.
NEWFOUNDLAND (Terre-Neuve) État du Canada, 1857-1947. Intégré depuis au Canada.

AUSTRALIE

Les territoires suivants étaient des États séparés. Ils utilisent tous, aujourd'hui, les timbres australiens : ***NEW SOUTH WALES*** (Nouvelle-Galles du Sud), 1850-1912. ***QUEENSLAND***, 1860-1912. ***VICTORIA***, 1850-1912. ***WESTERN AUSTRALIA*** (Australie occidentale), 1854-1912.

OCÉAN PACIFIQUE

ÉTABLISSEMENTS FRANÇAIS DE L'OCÉANIE Colonie française, 1892-1956. Devenu Polynésie française.
FILIPINA ou FILIPINAS ou FILIPAS (Philippines) 1854-98. Les timbres sont aujourd'hui marqués Pilipinas.
WESTERN SAMOA (Samoa) Dépendance néo-zélandaise, 1935-55.

ANTILLES

LEEWARD ISLANDS Colonie britannique, 1890-1953, composée de : Antigua, Barbuda, les îles Vierges, la Dominique, Montserrat, Nevis, St Christopher (St Kitts) qui, tous, aujourd'hui émettent des timbres séparément.
GUADELOUPE Colonie française, 1884-1947. Utilise aujourd'hui les timbres français.
MARTINIQUE Comme la Guadeloupe, 1886-1947.
ST CHRISTOPHER-NEVIS-ANGUILLA Colonie britannique de St Kitts-Nevis, 1952-80. Depuis, St Kitts et Nevis se sont séparés. Voir Leeward Islands.

GÉOGRAPHIE DES TIMBRES

Amériques

Europe

Les timbres des Nations unies sont émis par trois siéges de l'O.N.U.: New York (USA), Genève (Suisse) et Vienne (Autriche). Ces timbres portent une ou plusieurs de ces mentions, qui signifient toutes "Nations unies" en différentes langues:
UNITED NATIONS
NATIONS UNIES
NACIONES UNIDAS
VEREINTE NATIONEN
VEREINTEN NATIONEN
ОБЪЕДИНЕННЫЕ НАЦИИ
联合国
Islande
ISLAND
Océan Atlantique
Iles Féroé
FØRAYAR
Norvège
NORGE/NOREG
Suède
SVERIGE
Finlande
SUOMI FINLAND
Åland Islands
U.R.S.S.
ПОЧТА СССР
NORTHERN IRELAND
Irlande du Nord
SCOTLAND
Ecosse
ISLE OF MAN
Ile de Man
DANMARK
Danemark
Irlande
EIRE
Grande-Bretagne
GREAT BRITAIN
R.D.A.
DDR/DEUTSCHE DEMOKRATISCHE REPUBLIK
Berlin-Ouest
DEUTSCHE BUNDESPOST BERLIN
Pays de Galles
WALES
Pays-Bas
NEDERLAND
Pologne
POLSKA
Tchécoslovaquie
ČESKOSLOVENSKO
Alderney
Guernesey
Jersey
Belgique-België
Luxembourg
R.F.A.
DEUTSCHE BUNDESPOST
France
REPUBLIQUE FRANCAISE
Vienne
VIENNA (O.N.U.)
Hongrie
MAGYAR POSTA
La France émet aussi des timbres pour le Conseil de l'Europe et l'Unesco.
Autriche
REPUBLIK ÖSTERREICH
Genève
GENEVA (O.N.U.)
Roumanie
POSTA ROMANA
Liechtenstein
Portugal
Monaco
Espagne
ESPAÑA
Andorre
POSTES
Suisse
HELVETIA
Saint-Marin
SAN MARINO
Yougoslavie
JUGOSLAVIJA
Bulgarie
БЪЛГАРИЯ
Italie
ITALIA
Chypre (Turquie)
KUZEYKIBRIS TÜRK CUMHURIYETI
Andorre
CORREOS
Vatican
POSTE VATICANE/
POSTA VATICANA
Grèce
ΕΛΛΑΣ
ΕΛΛΗΝΙΚΗ ΔΗΜΟΚΡΑΤΙΑ
Gibraltar
Albanie
RPS E SHQIPERISE
Malte
MALTA
Turquie
TÜRKIYE CUMHURIYETI
Syrie
SYRIA
Iraq
Liban
Mer Méditerranée
Chypre (Grèce)
CYPRUS
Israel
Jordanie
JORDAN

GÉOGRAPHIE DES TIMBRES

Afrique

Asie Océanie

GLOSSAIRE

Aérogramme Lettre spéciale par avion. Elle est généralement faite d'un papier léger qui se replie et se scelle comme une lettre. Elle est préaffranchie. (Voir **Entiers.**)

Affranchissement Le nombre de timbres qu'il faut mettre sur une enveloppe pour l'envoyer par la poste.

Affranchissement mécanique Empreinte faite par une machine et qui tient lieu à la fois d'affranchissement et d'oblitération. Très utilisés par les entreprises, les affranchissements mécaniques sont généralement rouges.

Aniline Encre fugitive qui se dissout dans l'eau. Utilisée pour empêcher la réutilisation des timbres. L'encre aniline traverse le papier et se voit au dos du timbre.

Anomalie Petit défaut de fabrication touchant le dessin ou la dentelure. Si l'anomalie est très importante ou si elle se répète régulièrement, elle devient une variété.

Bande Trois timbres ou plus qui n'ont pas été séparés. Les bandes peuvent être horizontales ou verticales.

Barres phosphorescentes voir **Phosphore.**

Bilingues Timbres rédigés dans deux langues. La Belgique, par exemple, utilise le français et le flamand, les deux langues officielles.

Bloc Ensemble de timbres qui n'ont pas été séparés. Le plus petit est le bloc de quatre (2×2).

Bouche-trou Timbre rare mais abîmé. S'il était en bon état, il vaudrait très cher mais il fait l'affaire en attendant mieux ou parce que le collectionneur ne peut pas s'offrir un exemplaire en meilleur état.

Carnet Ensemble de timbres (blocs ou bandes) réunis sous une couverture cartonnée. Un carnet porte souvent de la publicité ou des informations postales.

Classiques Timbres émis avant 1900. S'ils ne sont pas toujours rares, ils ont été dessinés et imprimés le plus souvent avec soin.

Commémoratif Timbre ou série de timbres marquant des anniversaires ou des événements particuliers.

Contrefaçon voir **Faux.**

Contrôle Signes, lettres ou chiffres imprimés dans la marge des feuilles de timbres permettant à l'imprimeur de vérifier que les timbres ont été correctement imprimés.

Cote Valeur attribuée aux timbres par les catalogues. Les marchands font parfois des réductions sur la cote. La valeur réelle est alors inférieure à la cote.

Couché Se dit d'un papier très lisse et brillant. Les timbres imprimés sur papier couché sont fragiles car ils ternissent dans l'eau et se rayent facilement.

Coupé Pendant certaines périodes où les timbres de faible valeur manquaient, des pays ont accepté que l'on utilise des moitiés de timbre (par exemple une moitié de 10 c pour 5 c). Les timbres coupés sont rares mais ils doivent être nécessairement sur une lettre d'époque.

Définitif voir **Usage courant.**

Dentelure Toutes les dents qui entourent un timbre. La dentelure doit être intacte. Toute dent manquante ou courte dévalorise le timbre.

Entiers Enveloppes, cartes postales et cartes-lettres sur lesquelles le timbre est déjà imprimé.

Envois à choix Des timbres sont envoyés dans un petit carnet par un vendeur. Ils sont au choix, ce qui signifie que le collectionneur qui les reçoit prend ce qu'il veut acheter et retourne le reste avec le paiement.

Épreuve Essai d'impression réalisé avec le poinçon pour contrôler l'avancement de celui-ci.

Erreur Faute commise dans le dessin ou le texte d'un timbre. Voir également **Variété.**

Essai de couleur La poste essaie des encres de couleurs différentes avant de trouver celles qui conviennent le mieux. Des essais de couleur parviennent parfois aux collectionneurs.

Fac-Similé Copie exacte d'un timbre.

Faux Imitation, copie illégale d'un timbre ou d'une oblitération.

F D C voir **Premier jour.**

Feuille Feuille de timbres complète, avec les marges tout autour, telle qu'elle est vendue à la poste. Elle comprend souvent 25, 50 ou 100 timbres.

Feuillet Petite feuille sur laquelle un ou plusieurs timbres, perforés ou non, sont imprimés. Les marges d'un feuillet portent souvent des inscriptions ou des motifs décoratifs.

Feuillet-souvenir Très semblable au feuillet, il ne peut affranchir une lettre car il a été réalisé par des particuliers, non par un pays.

Filigrane Dessin inscrit dans l'épaisseur du papier. Deux timbres apparemment identiques sont en fait différents s'ils n'ont pas le même filigrane.

Fiscal Timbre utilisé pour prouver qu'une taxe ou un droit a été payé. Les timbres fiscaux ne sont, sauf exception, jamais utilisés sur le courrier.

Fiscal-Postal Timbre particulier pouvant servir de timbre fiscal aussi bien que de timbre-poste.

Fugitive (encre) voir **Aniline.**

Gomme Substance qui permet de coller le timbre sur une enveloppe. Un timbre neuf doit avoir une gomme intacte. Dans le cas contraire, il perd de sa valeur.

Gravure voir **Impression.**

Groupées Grandes séries de timbres émises à la même époque par différents pays pour marquer le même événement.

Héliogravure voir **Impression.**

Histoire postale Collection montrant l'évolution de la poste à travers les âges. Elles comporte plus d'enveloppes et d'oblitérations que de timbres.

Impression Plusieurs méthodes d'impression sont utilisées pour les timbres :

– la typographie : la surface d'impression est saillante. Les creux n'impriment pas ;
– la lithographie : impression en surface sur une plaque plate ;
– l'offset : version moderne de la lithographie. Le dessin n'est plus tracé à la main mais obtenu par photogravure ;
– la gravure : l'encre pénètre dans les tailles (sillons) ;
– l'héliogravure : utilise les mêmes principes que la gravure mais le dessin est obtenu par un procédé photographique au lieu d'être gravé à la main.

Inversé Terme utilisé pour décrire les filigranes, les centres ou les encadrements imprimés la tête en bas.

Killer Oblitération destinée à recouvrir entièrement un timbre. Son nom (« tueur ») signifie que le timbre est définitivement inutilisable.

Kilos Timbres conservés sur des fragments de cartes postales ou d'enveloppes et vendus au poids.

Légendes Inscriptions imprimées sur un timbre pour le décrire ou pour indiquer la raison de son émission.

Lithographie voir **Impression.**

Locaux Timbres valables dans une région particulière mais pas dans le reste du pays.

Maquette Lorsqu'un timbre est planifié, on demande à plusieurs artistes de soumettre des projets de dessins, appelés maquettes. La maquette retenue servira à graver le poinçon.

Marge Espace compris entre le dessin du timbre et la dentelure ou, pour un timbre non dentelé, autour du dessin.

Multiple Plusieurs timbres non séparés. Voir **Bande** et **Bloc.**

ND voir **Non dentelé.**

Non dentelé Timbre dépourvu de perforation. Les timbres non dentelés doivent être séparés à l'aide de ciseaux.

Non émis Timbres imprimés mais qui n'ont jamais été mis en vente à cause d'un changement de dernière heure (Une révolution, par exemple !).

NSG Timbre neuf sans gomme.

Non triés Timbres vendus en quantités (par exemple : kilos) sans que le vendeur ait retiré les variétés, les oblitérations intéressantes, etc. L'acheteur a ainsi des chances de faire des trouvailles.

Nuances Variations de couleurs comme vert, vert foncé, vert clair, vert-jaune, vert-bleu, etc.

Oblitération Marque faite par la poste (généralement un cachet) sur un timbre pour montrer qu'il a déjà été utilisé pour le courrier.

Oblitération de complaisance Oblitération faite spécialement à la demande des collectionneurs. Elle est apposée avec soin, propre et nette, et n'entre généralement pas dans le circuit du courrier. Le timbre peut même ne pas être sur une enveloppe. Ainsi des timbres oblitérés par complaisance peuvent avoir conservé leur gomme.

Oblitération manuelle Cachet frappé à la main, par opposition à ceux réalisés par une machine.

Officiel Timbre ne pouvant être utilisé que par des services gouvernementaux. Voir **Service.**

Offset voir **Impression.**

Paire Deux timbres non séparés. Une paire peut être horizontale (timbres côte à côte) ou verticale (un timbre au-dessus de l'autre). Voir également **Bande.**

Perforation Série de trous pratiqués autour des timbres pour les séparer facilement. On préfère le terme « dentelure ».

Perforé Timbre marqué, par perforation, aux initiales d'une société privée afin qu'il ne puisse pas être utilisé par des personnes non autorisées. Cette pratique tend à disparaître.

Phosphore Matière qui brille lorsqu'elle est éclairée par des lampes d'un type spécial. En France, on appose des barres phosphorescentes sur les timbres d'usage courant. Elles sont difficilement perceptibles à l'œil nu mais sont détectées par des machines à fort rendement triant automatiquement le courrier.

Pochette Enveloppe ou petite « poche ».

Poinçon original Bloc d'acier sur lequel est gravé le dessin du timbre. Le poinçon sert ensuite à fabriquer le matériel d'impression.

Poste aérienne Transport du courrier par avion.

Premier jour Oblitération apposée sur un timbre le jour de sa mise en vente par la poste. Pour parler des enveloppes « Premier jour » (portant un timbre oblitéré du premier jour), on emploie fréquemment les initiales « FDC », de l'anglais *First Day Cover.*

Préoblitérés Timbres portant déjà une oblitération imprimée. Les lettres portant de tels timbres n'ont pas besoin d'être oblitérés, ce qui simplifie le travail des postiers.

Préphilatélie Période antérieure à l'apparition du timbre.

Provisoires Timbres d'urgence émis pour une courte période en attendant les timbres définitifs (Par exemple lorsqu'un pays est envahi ou lorsqu'il change brusquement de régime politique.)

Régionaux Timbres spécialement émis pour une région, une province, mais pouvant néanmoins servir dans tout le pays. Au Royaume-Uni, il existe des timbres régionaux pour l'Écosse, l'Irlande, etc. Voir également **Locaux.**

Réimpressions Timbres imprimés après qu'ils ont été officiellement retirés de la vente.

Relief Motif obtenu par pression du papier.

Retouche Petite rectification faite sur les plaques d'impression pour corriger un défaut, une partie usée ou détériorée.

Sans gomme Timbre neuf qui a perdu sa gomme par accident ou parce qu'il a été utilisé sur du courrier en échappant à l'oblitération.

Plus rarement, des timbres n'ont jamais eu de gomme (en Chine, par exemple).

Service Les timbres de service sont réservés à certaines administrations ou organisations (En France : l'Unesco, à Paris, et le Conseil de l'Europe, à Strasbourg).

Se-tenant Timbres différents mais contigus.

Surcharges Mots ou chiffres imprimés sur des timbres pour changer leur valeur, permettre leur utilisation dans un autre pays ou pour marquer un événement.

Taille-douce voir **Impression.**

Tête-bêche Timbre imprimé la tête en bas. Il doit tenir à un timbre normal pour mettre l'erreur en évidence.

Timbre-taxe Timbre spécial apposé par la poste sur une lettre insuffisamment affranchie. Le destinataire doit alors payer la somme manquante représentée par le ou les timbres-taxes.

Trucage Modification frauduleuse apportée à un timbre dans le but de le faire passer pour un autre, plus rare.

Tueur voir **Killer.**

Usage courant Les timbres d'usage courant sont ceux vendus en permanence à la poste pour le courrier ordinaire. Les Anglo-Saxons emploient le terme *definitive* (définitif).

Valeur Deux sens possibles :
– montant imprimé sur le timbre ou ce qu'il coûte lorsqu'on l'achète à la poste. Dans ce cas, on parle de valeur faciale ;
– prix que les collectionneurs sont, dans l'ensemble, disposés à payer pour acquérir un timbre de collection. (Voir aussi *Cote.*)

Variété Incident de fabrication modifiant de manière évidente l'aspect d'un timbre, au niveau du dessin, de la dentelure, du filigrane, etc. Une variété vaut plus cher que le timbre normal. Elle doit être visible à l'œil nu.

Vignette Pseudo-timbre n'ayant aucune valeur pour affranchir le courrier.

UN TIMBRE À LA LOUPE

Des timbres portent de nombreuses indications sur eux-mêmes. Vous pouvez le voir sur ce timbre français très agrandi dont les parties sont légendées. Tous les timbres ne donnent pas autant de détails ; d'autres, en revanche, en donnent davantage, jusqu'au nom de l'imprimeur !

Le logo : signe ou symbole utilisé par une organisation. Ce timbre a été émis pour reconnaître le travail effectué par l'Unesco, organisation internationale s'occupant de l'éducation et de la santé ; aussi a-t-on reproduit son logo. La Croix-Rouge possède également un logo spécial.

L'usage postal : l'usage qui est fait du timbre. Celui-ci est destiné au courrier ordinaire, d'autres servent à la poste aérienne, d'autres sont des timbres-taxes.

L'année d'émission : ce timbre a été émis en 1979. Tous les pays ne l'indiquent pas, mais cela devient de plus en plus courant.

Le pays émetteur : aujourd'hui, presque tous les pays inscrivent leur nom sur leurs timbres.

La valeur : ce que coûte le timbre à la poste. Ici, 1,70 F. La plupart des pays indiquent la monnaie, contrairement à cet exemple.

La dentelure : les rangées de trous pratiqués sur les côtés afin qu'on puisse séparer facilement les timbres sans les endommager. On les appelle souvent les dents du timbre. Leur taille et leur nombre varient d'un timbre à l'autre.

La gomme : au dos du timbre, elle permet de coller celui-ci sur une enveloppe.

La marge : l'espace entre le dessin et les perforations.

Le sujet : ce timbre a été émis pour l'Année internationale de l'enfant. Les timbres disent souvent ce qu'ils commémorent ou donnent le nom de ce qu'ils illustrent.

Le dessinateur : Odette Baillais, l'artiste qui a dessiné le timbre.

Le graveur : Pierre Forget a gravé le timbre sur un bloc d'acier.

POUR EN SAVOIR PLUS

La collection de timbres est l'un des passe-temps les mieux organisés en France. Il existe de nombreux clubs philatéliques, des magazines spécialisés, et même des musées à visiter. Certaines librairies présentent des livres sur les timbres. Si vous ne trouvez pas un ouvrage donné, vous pouvez le commander directement auprès de l'éditeur.

LES MAGAZINES
Il existe cinq mensuels en France :
TIMBROSCOPIE Éditions Timbropresse, 33, rue de Chazelles, 75850 Paris Cedex 17. Le plus vendu (100 pages, en couleurs).
LE MONDE DES PHILATÉLISTES 5, rue Antoine-Bourdelle, 75015 Paris.
L'ÉCHO DE LA TIMBROLOGIE 37, rue des Jacobins, 80036 Amiens Cedex. Le plus ancien ; créé en 1887 (84 pages).
TIMBROLOISIRS Éditions Timbropresse. Le plus récent (1989), plus particulièrement destiné aux débutants (petit format, 100 pages, en couleurs).
LA PHILATÉLIE FRANÇAISE 7, rue Saint-Lazare, 75009 Paris. Revue de la fédération.
Ces magazines sont vendus chez les marchands de journaux et par abonnement, excepté le dernier (uniquement par abonnement). Ils rendent compte de l'actualité philatélique (timbres à paraître, expositions, foires...), publient des études sur des timbres anciens, des pays, les tendances du marché et donnent des conseils.
Un sixième mensuel, *Timbrojournal* (Éditions Timbropresse, voir ci-dessus), est exclusivement consacré aux petites annonces.

LES CLUBS
La Fédération des sociétés philatéliques françaises (7, rue Saint-Lazare, 75009 Paris) regroupe plusieurs centaines de clubs de la France entière. Adresse des clubs de votre région sur simple demande.
Il peut y avoir un club non fédéré dans votre ville. Adressez-vous à la mairie.

LA POSTE
Les bureaux de poste vendent les timbres français en cours (réservation possible).
LES POINTS PHILATÉLIE
Guichet spécial. Au moins un par département, dans le chef-lieu. Dispose des timbres de France, d'Andorre, de Saint-Pierre-et-Miquelon et certains de Monaco. Également des produits spéciaux comme les documents officiels.

LE SERVICE PHILATÉLIE DE LA POSTE
18, rue François-Bonvin, 75758 Paris Cedex 15). Achat des timbres par correspondance et abonnement aux nouvelles émissions.

LES MUSÉES
Le musée de la Poste (34, bd de Vaugirard, 75015 Paris) possède de riches collections et une très importante bibliothèque. Exposition permanente (fermé dimanche et jours fériés).
Également quelques musées régionaux :
– Amboise (Indre-et-Loire) ; Amélie-les-Bains (Pyrénées-Orientales) ; Caen (Calvados) ; Le Luc-en-Provence (Var) ; Nantes (Loire-Atlantique) ; Riquewihr (Haut-Rhin) ; Saint-Flour (Cantal) et Saint-Macaire (Gironde).

LES MARCHANDS
Beaucoup font paraître des publicités dans la presse philatélique. Il existe un syndicat, la Chambre nationale des négociants et experts en philatélie (CNEP, 4, rue Drouot, 75009 Paris).

INDEX

Cet index vous permet de retrouver la plupart des sujets importants. Les sujets thématiques sont répertoriés sous la rubrique « Thématiques ». Nous n'avons retenu que les principaux. Les numéros en **caractère gras** renvoient aux illustrations ou à des sujets mentionnés en légendes.